ullstein

Das Buch

Ein Schritt vor die Haustür ist wie eine Expedition in ein fremdes Land, hinter jeder Ecke lauert das Abenteuer. Die satirischen Texte zeigen den deutschen Alltag von seiner absurden Seite: Ob fanatische Werbekulisammler, einkaufende Pärchen im Supermarkt oder politisch korrekte Mülltrenner – nirgends auf der Welt ist es so komisch wie in der bekloppten Republik Deutschland. Dietmar Wischmeyer zeigt, dass er nicht alle Tassen im Schrank hat. Trotzdem ist alles wahr, was er schreibt.

Der Autor

Dietmar Wischmeyer arbeitet seit Ende der 80er Jahre in der deutschen Humorwirtschaft. Zunächst beim Hörfunk *(Frühstyxradio)*, wo die meisten seiner populären Figuren entstanden, dann auch auf der Bühne und im Fernsehen. Wischmeyer lebt auf freiem Fuß im Landkreis Schaumburg in Niedersachsen.

Von Dietmar Wischmeyer sind in unserem Hause bereits erschienen:

Eine Reise durch das Land der Bekloppten und Bescheuerten
Zweite Reise durch das Land der Bekloppten und Bescheuerten
Das Paradies der Bekloppten und Bescheuerten
Schwarzbuch der Bekloppten und Bescheuerten

Dietmar Wischmeyer

Die bekloppte Republik

Ullstein

Besuchen Sie uns im Internet:
www.ullstein-taschenbuch.de

Umwelthinweis:
Dieses Buch wurde auf chlor- und säurefreiem Papier gedruckt.

Lizenzausgabe im Ullstein Taschenbuch
1. Auflage November 2009
© 2007 Lappan Verlag GmbH
Umschlaggestaltung: HildenDesign, München
Titelabbildung: privat
Druck und Bindearbeiten: CPI – Ebner & Spiegel, Ulm
Printed in Germany
ISBN 978-3-548-37294-5

Inhalt

Deutsche Leitkultur
Besoffensein

Saufen gehört zur deutschen Leitkultur wie die Abstinenz zum Islam. Darum wird jedem Feiertag aus welchem Anlass auch immer das Komahäubchen der Trunkenheit aufgesetzt. Hackebreit unterm Tannebaum, Augenstillstand am 1. Mai – das sind die heidnischen Freuden der dionysischen Urbevölkerung. Scheiß doch was auf Tag der Arbeit, Jesu Abnabelung oder Deutsche Einheit, was zählt ist die Zäsur im Arbeitsalltag, da möchte man sein Leben nicht in vollem Bewusstsein vergeuden. Für den Germanen ist Freiheit synomym mit Besoffensein.
Selbst die feingeistige Lyrik nimmt sich da nicht aus und kennt den Zustand „Besoffen vor Glück". Ja, kann man denn nicht auch ohne Alkohol sehr viel Spaß haben, wie uns die Abstinenzler immer wieder versichern? Spaß vielleicht, aber darum geht es ja nicht. Der Besoffene wird wieder zum Kind, zum Affen, zu einem unschuldigen Wesen, das noch nicht weiß, dass es sterben muss, dass Blödmänner die Welt regieren und Bayern schon wieder Deutscher Meister wird. Trunkenheit ist Urlaub vom Großhirn und von dem Wissen um die Unzulänglichkeit dieser Welt. Darum besäuft sich auch der Pubertierende mit erschreckender Konsequenz, Koma- und Flatratesaufen sind seine Flucht aus dem erwachenden Bewusstsein. In einer Lebensphase, da man allmählich ahnt, dass Käpt'n Blaubär gar nicht Bundeskanzler ist, wirft der Teenager Nebelkerzen rein ins Hirn. Nur nicht ständig freie Sicht auf den ganzen Mist um uns herum zu haben, ist ein Wert an sich. Darum gehen auch alle Analysen fehl, die meinen, Besoffensein wäre ein Ersatz für irgendwas, das einem das Leben vorenthalte. Im Gegenteil:

Es ist die reine Notwehr gegen zu viel ungeschminkte Realität, die ständig auf uns einströmt. Junge Menschen, die noch keinen zynischen Abwehrschild gebildet haben, können dieses Bombardement unaushaltbarer Scheiße nicht rund um die Uhr ertragen. Deshalb treffen sie sich wann immer es geht und fahren die Bewusstseinsmaschine auf Halblast. „Dummheit frisst, Intelligenz säuft", weiß auch der Volksmund und erinnert uns damit an die Ambivalenz des Sündenfalls, als Eva dem Adam eine Flasche Appelkorn vom Baum der Erkenntnis pflückte.

Ausländer, Alte und Kaputte aufgepasst
Och wie niedlich

Es freut den Humanisten, dass der Deutsche seine Tötungshemmung nicht komplett abgelegt hat. Zwar werden immer noch Säuglinge aus dem Fenster geworfen oder in Blumenkästen verbuddelt, aber Knut der süße kleine Eisbär entging der Todesspritze. Nun ist man in Germania nicht gerade zimperlich, was die Überlebensrechte von Bären anbelangt – Bruno weiß davon ein Lied zu singen. Doch der war ein stinkender alter Österreicher, und ehe wir so einen braunen Burschen noch mal reinlassen ins Reich, da greift selbst der Bajuware beherzt zum Bärentöter. Knut dagegen ist ein Weißer, wie er im Buche steht, zudem auch noch gar niedlich anzuschauen. In Zookreisen ärgerte man sich zwar, den idealen Tötungstermin verpasst zu haben, denn als der Kleine omnipräsent in der Presse stand, musste man den Burschen wohl am Leben lassen – weil er ja

---

Arme Mathematik
Es war einer dieser typischen lauen Maienabende, an denen man viel über Krieg nachdenkt. Da fiel mir ein, dass seit dem letzten auch schon wieder über 60 Jahre vergangen sind. Steigt damit die Wahrscheinlichkeit auf ein neuerliches Kräftemessen oder sinkt sie? Arme Mathematik, wenn du nicht mal solche Fragen beantworten kannst.

so niedlich ist. Schön, dass die natürliche Prägung noch so viel Gewicht hat in unserer dekadenten Welt: Wer süß und niedlich ist, den killt man nicht. Aber was ist mit denen, die eher scheiße aussehen? Ja, Pech! Einen normalen Hartz-IV-Bären möchte man halt nicht sofort knuddeln, und die sedierten Mumien in den bleichen Schauhäusern der Altenpflege sind ja auch nicht ganz so süß. Und wenn man ehrlich ist, würden die meisten von uns ihre Wohnung auch lieber mit dem knuddeligen Knut teilen als mit einem unserer Jugendlichen. Der Bär scheißt zwar auf die Auslegeware, aber immer noch besser als die breiige Kotze aufzuwischen nach des Jungdeutschen Komabesäufnis. So regiert das Verhalten des langsam verblödenden Bewohners dieser Republik immer mehr der Rückgriff auf bewährte Atavismen. Wer putzig ist und zum Knuddeln animiert, darf sich des Wohlwollens aller Doofen erfreuen. Murat Kurnaz hat zwar auch wuscheliges Haupthaar, aber so als Bär gesehen gehört er doch eher in die Bruno-Fraktion, und für diese Sorte sind wir Deutschen nicht so zu haben. Als Kompromiss der Bundesländer zum neuen Ausländerrecht schlag ich drum auch vor: Die Niedlichen, die behalten wir hier, für den Rest: Da ist die Tür.

Fiese Nummer des Schöpfers
Das Glück ist mit die Doofen

Alle Menschen suchen nach dem Glück, dabei weiß doch jeder, wo es ist: Das Glück ist mit die Doofen. Das Rieseneinfallstor zum Unglücklichsein mithin ist die Intelligenz. Wer zu viel über sich und die Welt nachdenkt, kommt irgendwann dahinter, was für ein armer Wicht er und ein gigantischer Schwindel sie doch ist: Sie bestraft den Ehrlichen, schlägt den Gutmütigen, infiziert den Abstinenten und wie man es auch dreht und wendet: Am Ende macht ein jeder den Sarg von innen zu. Glück empfinden kann nur, wer imstande ist, diese profunde Erkenntnis an des eignen Großhirns Rinde abprallen zu lassen. Glück ist der Rückzug auf das animalische Ufer der Existenz: Da freut man sich über einen perfekt abgeblasenen Furz, grinst blödig im Taumel der frischen Liebe oder lächelt selbstvergessen den zugeschissenen Nachwuchs an. Glück ist die Abkürzung durchs Hirn unter Umgehung der Gedanken. Da ist natürlich fein raus, wer mangels geistiger Potenz solche in großer Anzahl zu bilden erst gar nicht imstande ist. Der Doofe trägt das Glück auf natürliche Weise in sich, der Schlaue muss es sich erst durch Drogenzufuhr mühsam erobern. Intelligenz säuft, wie der Volksmund weiß. Warum wohl? Um für kurze Zeit in den selig machenden Zustand der Verblödung abzutauchen und dort Momente des Glücks zu finden. Alles um sich herum zu vergessen gilt als Zustandsbeschreibung glücklicher Augenblicke im Leben. Stimmt es also, wer viel besitzt, muss 'ne Menge vergessen, um glücklich zu sein, und wer wenig hat, ist besser dran? Sollte somit der verarmte Blödmann glücklichster Mensch auf Erden sein? Ja, warum strebt dann alle Welt danach, das Gegenteil zu erreichen: gewitzt sein und die Taschen voller Geld? Ist womöglich das Streben nach Glück an sich schon falsch? Denn Glück hat man oder eben auch nicht. Andererseits kann man absichtlich gegen eine Laterne laufen und siehe da: „Glück gehabt, alle Zähne sind noch drin." Das Glück ist flüchtig, und wie der alte Heisenberg schon in seiner Unschärferelation erkannt hatte: Man kann nicht zugleich glücklich sein und wissen, dass man es ist. Erst in der Erinnerung werden die glücklichen Momente zu ebendiesen, tragen aber einen Trauermantel. Denn damals, als man glücklich war, wusste man es nicht, und heute, da man es weiß, ist es vorbei. Ganz eigentlich zum Schluss betrachtet, lohnt das Glück nicht den Aufwand. Man muss dafür doof oder besoffen sein, und wenn es da ist, rafft man es nicht. Was also soll der Scheiß? Ganz einfach: Das Glück ist wie sonst nichts auf der Welt wie das Leben selbst: unfassbar, unerklärlich und herrlich ungerecht.

Stiller Tod ab fünfzig
Das Leben genießen

Paaren sich Wohlstand und Sorglosigkeit in der fortschreitenden Lebensmitte eines Germanenpärchens, so hört man oft aus dessen Mund: „Jetzt wollen wir das Leben nur noch genießen." Verräterisch in dem Zusammenhang ist das einschränkende Umstandswort „nur", das so gar nicht zum angestrebten Genuss passen will. Mann und Frau, so um die fünfzig, kinderlos und kulturell interessiert, „machen" dann im Frühjahr die Küste Kalabriens, um der prächtigen Blüte der Forzprimel willen, im zeitigen Sommer gehts zu den Vorhängeschlössern der Vaucluse aquarellieren oder so. Ist man mal zu Haus im witzigen Dachgeschoss, folgt man der Einladung zur Vernissage im La Kulinaria oder speist kreolisch mit Heinz und Viet Minh, seiner zweiten Frau. Das ganze Leben ein einziger Jokus, der ganze Planet ein Freizeitparadies: „Du, Schatz, ich möchte in diesem Jahr auf jeden Fall noch einmal schnorcheln!" Das Le-

Renate Kleinert in Ephesus. Gibt es auch noch mit Pergamon, Gizeh, Tenochtitlan, Angkor Wat, Ayers Rock, Machu Picchu und dem Kap der Guten Hoffnung. Weder Kolumbus, James Cook noch Alexander von Humboldt sind so weit herumgekommen.

ben – womöglich sogar in vollen Zügen – genießen zu wollen, ist der stille Tod ab fünfzig.

Wenn keine Aufgabe mehr lockt, beruflich alles erreicht ist und sich sogar der Geschlechtstrieb in seine Rolle als tumbes Haustier fügt, dann wird das rundrum abgesicherte deutsche Doppelpack zum tragischen Duo. Als wer auch immer sich das Leben auf diesem Planeten ausdachte, stand Individualgenuss nicht im Lastenheft. Alttiere sind Eltern oder dienen auf andere Weise dem Rudel und wenn nicht, werden sie ihrem Schicksal überlassen. Dann kommt der böse Beutegreifer aus dem Gebüsch und beißt sie tot. In etwa folgt der moderne Seniorenstift noch diesem darwinistischen Prinzip. In der Fauna wird nicht auf dem Nachhauseweg zur Mutter Erde rumgetöpfert oder sonst wie genießend sich selbstverwirklicht. Da kommt Simba aus der Kulisse und aus ists, fertig. Nun hat uns die Zivilisation weitgehend davor bewahrt, die dritte Lebenshälfte im Arsch vom Wüstenkönig zu beginnen. Dennoch will das Dasein als bloßes Genießen seiner selbst nicht so recht überzeugen. Wo keine Anstrengung vorher war, ist auch keine rechte Feier. Wo nur noch im Widerschein des Rotweinglases das Leben in vollen Zügen genossen werden soll, da stirbt es leise vor sich hin. So wellnesst sich das wohlstandsverwahrloste Germanenpärchen durch den eigenen Lebensabend, den es für den zweiten Frühling hält. Und ehe man es sich versieht, kommt auch hier Simba aus dem Gebüsch und rupft die beiden faulen Schweinepriester aus dem Diesseits raus.

Aussterbende Tiere
Jedes Jahr sterben etliche Tierarten aus: der Sibirische Tiger, der Indische Löwe oder der Tasmanische Teufel. Bei allem Bedauern darüber, sollten wir doch nie vergessen, dass diese drei Kreaturen z.B. keinen Handgriff gerührt hätten, wäre es uns an den Kragen gegangen.

Warze, Nippel, Öse

Drei Lieblingswörter

Die deutsche Sprache gehört zu den gefährdetsten Idiomen der Welt. Das liegt weniger am Ab- und Ausnippeln ihrer Verwender sondern an deren Niedertracht. Wäre die Sprache eine Ehefrau, sie liefe täglich mit blutig geschlagener Fresse herum, während ihr Galan mit den Schlampen aller Herren Länder auf dem Hof rumhurte. Kurz gesagt: Der Deutsche ist seine eigene Sprache nicht wert, und je eher sich das stammelnde Gesocks eine neue Solution für seine Kommunikationskompetenz aus 'm Arsch leiert, desto besser.

Die Deutsche Bahn etwa – Vorreiter in vielem, was blöd und bescheuert ist – wirbt mit den Wörtern „Mobility, Networks, Logistics". Drei hingekotzte Sprachbrocken, nur deshalb auf Englisch, um zu verschleiern, wie wenig sie auf Mehdorns Pissladen zutreffen. Immerhin kam ich dadurch auf die Idee, mit welchen drei Wörtern ich denn für die deutsche Sprache selbst werben würde. Da sind sie: Brustwarze, Zurrgurtöse, Bräteinwaage. Noch am ehesten vorstellen kann man sich etwas unter einer Brustwarze. Pikant an dem Wort ist, wie sich die kettensägenhafte Aussprache zum bezeichneten Objekt verhält. Zudem verweist der eine Bestandteil unmissverständlich in den Bereich ekeliger Krankheiten. Unvoreingenommen assoziiert würde mir zu Brustwarze ein mittelalterliches Folterinstrument einfallen, eine Art glühender Pfriem, welchen man dem Delinquenten ins Herz rammte. Anders verhält es sich da mit der Zurrgurtöse: trotz der Häufung dunkler Vokale überwiegt das Liebliche im Klang. Ein buntes Fischlein vielleicht oder ein Teichrohrsänger trügen den Namen sicher mit Anstand und Würde. Stattdessen verschwendet ihn die Sprache an eine schlichte Metalllasche im Bodenblech von Pkw-Anhängern. Zum Glück bleibt uns noch Kandidat Nummer drei, die Bräteinwaage. Hier decken sich Klang und Bedeutung aufs Feinste. Es klingt ekelig und ist auch so gemeint. Die zusammengeklebten Knorpel- und Flomenreste aus dem Schweineschredder bilden das sogenannte Brät, da wird einem schon bei der Aussprache schlecht. Neudeutsch heißt das „Separatorenfleisch", was auch ein schönes Wort ist, denn ich denke dabei an die vermoderten Leichenteile ausgestorbener Raubsaurier. Nun denn, das Brät findet man vorwiegend als fleischidentischen Zuschlagstoff in Fertigkotze, die heißt dann z.B. Budapester Hirtensalat. In dem Zusammenhang gefällt mir besonders das Wort „Salat". „Bräteinwaage" deshalb, weil das bloße Auge in der trüben Pampe den Anteil des wertvollen Bräts nicht mehr genau einzuschätzen vermag und deshalb dem Deckelaufdruck vertrauen muss: 200g Helgoländer Shantyhappen, Bräteinwaage 56g, mmmmmh da richten sich doch gleich die Brustwarzen auf. Obwohl: In dem Falle sagt man Nippel. Iehhhh! Brätnippel! Das könnte mein viertes deutsches Lieblingswort werden.

Raten vorm Automaten

Dienstleistungsgesellschaft ade

Von wegen wir wandeln uns zu einer Dienstleistungsgesellschaft! Wie so oft, wenn etwas laut durch die Medien gebrüllt wird, ist genau das Gegenteil der Fall. Kam früher noch die Schleichkatze von den Stadtwerken ins Haus, um Strom und Wasser abzulesen, darf man heute selbst im Kohlenkeller rumfunzeln und den Verbrauch notieren. Die Steuererklärung muss längst im Netz geschehen, für jeden Antrag hat man das passende PDF-Formular runterzuladen. Die Sparkassenzweigstellen sehen aus wie Daddelhallen, in denen die Kundschaft an diversen Automaten ihre Bankgeschäfte verrichtet. Unverschämterweise nennen sich diese Bereiche „Kunden-Service", wohl deshalb, weil genau der nicht vorhanden ist. Besonders wenn Automatisierungswut auf demografischen Wandel trifft, spielen sich kleine Tragödien ab unter der Leuchtstoffröhre. „Bitte berühren Sie den Bildschirm" textet es Oma Mikoteit entgegen, die ihre Friedhofsgebühren überweisen möchte. Zu Hause würde sie nie ihren Bildschirm berühren, allein der vermeidbaren Marmeladenflecke, auf dem Gesicht des Tagesschausprechers wegen. Hier ist plötzlich alles anders: Wenn man an diesen Fernseher grabbelt, ändert der sein Bild. Jahrzehntelange Erfahrung über die hilflose Unbeeinflussbarkeit des Fernsehprogramms zu Hause werden mit einem Schlag hinweggefegt. Dabei hat Oma noch Glück, dass sie nicht an einen Fahrkartenautomaten der Bahn geraten ist, da muss man sich nämlich auch noch durchlesen, was man alles nicht will. Die Post spart natürlich auch, wo sie kann und möchte die Zustellung am liebsten ganz einstellen. Das funktioniert leider nicht wegen Briefmonopol und Kurierdienstkonkurrenz. Hat man als Kunde da allerdings das Pech, eine Sendung abholen zu müssen, lernt man auf diese Weise die unattraktiveren Randgemeinden seiner Region kennen, ist mindestens eine Stunde unterwegs und findet sich dann in einem PickingPoint wieder, kurz Daddelhalle ohne Personal und Kaffee für umsonst. Durch Eingabe einer Codenummer, biometrischer Daten oder alphanumerischer Passwort-Ungetüme öffnet sich wie von Geister-

---

Autos
Alle Pkw haben vier Räder. Ich möchte nicht wissen, wie's unterm Auto aussähe, würde die Bundesregierung sich mit dem Problem befassen.

hand eine Klappe und das Päckchen plumpst heraus. Nachdem Bank, Post, Bahn und Finanzkrampen sich in ihren selbstverwalteten Kokon zurückgezogen haben und dort ohne Kontakt zur Außenwelt ihre Verdi-Kultur leben können, will auch die Polizei nicht hintanstehen. Geplant sind sogenannte Internetwachen, in denen man seinen Nachbarn online anschwärzen kann. Fehlt eigentlich nur noch in der Schar der fanatisch auf modern Geschminkten die Kirche mit der Automateneinäscherung, dem Taufschein als PDF-Formular und Gottes Segen als Gratis-Download für den iPod.

Angst vorm Erwachsenwerden
Student im Kopf

Student zu sein ist nicht unbedingt eine Schande, Student sein Leben lang zu bleiben schon. Dabei meine ich nicht das halbakademische Lumpenproletariat, das sich bis zum Eintreffen der Leberzirrhose an der Alma Mater herumdrückt. Nein, ich meine den Studenten im Kopf. Zumeist hat er den Ort seiner geistigen Verwirrung nicht verlassen, wohnt also immer noch in Tübingen, Freiburg oder so. Manche sind auch die Unileiter raufgekrochen, nennen sich Professor gar oder verstauben in irgendeinem Öddelprojekt am Ende des langen Flures bei den Dingsbums-Pädagogen. Der Student im Kopf behält bis weit ins Greisenalter seine studentische Lebensweise bei, heißt, er geht zum Griechen „spachteln", der enormen und nachhaltigen Sättigung wegen, er oder sie trägt pausenlos faserpelzige Oberbekleidung der Bügelfreiheit eingedenk. Und wenn Student im Kopf mal umzieht – innerhalb derselben verzauselten Unistadt natürlich –, dann müssen alle Freunde mit anpacken und Waschmaschinen in den fünften Stock wuchten, ebenso die reißaffinen Pappkartons mit den Esoterik-Schwarten von Habermas und Konsorten. Verdient Student im Kopf auch mittlerweile eine stattliche Beamten-Apanage, immer müssen die Freunde mit ran, wenn die Kartons auf Wanderschaft gehen. Ich freu mich schon, wenn Student im Kopf dann achtzig ist und zum letzten mal für die Ableberesidenz sein Ränzlein schnürt. Dann krachen sie aber, die morschen Knochen der alten Freunde, wenn die Waschmaschine aus der Penthausbude runter zum geliehenen Siebenhalbtonner geschleppt wird. Student im Kopf tapeziert auch immer alles selbst, schmiert gern mit Latex-Farben herum und danach gibts für alle Pizza, hmmmhh. Wenn Geburtstag ist beim Ewigsemestrigen, dann greift der ein oder andere BAföG-Saurier auch schon mal zur „Klampfe", wie man dort sagt, und jodelt Bekenntnislyrik aus seinem Grundstudium „The Times they are a'changin" – wenns denn doch so wäre. Im Kreise um den Schrammel-Barden hocken verrauchte Bariton-Feministinnen und sehen aus wie Claudia Roth als Wackeldackel. Student im Kopf fährt manchmal auch in Urlaub, wenns eben geht nach Griechenland, da kann man nämlich ganz billig ganz viel „mampfen", hmmmmhhh. Zu Haus da lässt er sichs auch gut gehen – mit anderen Zauseln aus der Unizeit, die lädt er z.B. ein zum „Lasagnefuttern". Hmmm lecker! Arbeiten findet Student im Kopf eigentlich doof, lieber wirkt er mit bei Projekten oder so. Wenn ihn gar niemand haben will, dann engagiert er sich halt. Und zur Not gibts nämlich auch noch ganz viele andere Studenten im Kopf mit typischen Student-im-Kopf-Problemen, die kann man therapieren, coa-

Bello

Als ich mir neulich auf der Straße den Schnürsenkel zuband, kraulte mir plötzlich eine junge Frau liebevoll den Nacken. Mein Tagtraum von spontanem Sex mit einer schönen Fremden zerfiel erst, als das Wesen mir zuhauchte: „So, und nun geh zurück zu deinem Herrchen, Bello!"

chen, Salsa tanzen beibringen oder tibetanisches Ziegenfett um die Klöten schmieren – jedenfalls ganz schön viel Geld abnehmen, für das man beim Griechen immer noch „pappsatt" wird. Hmmmhhhh!

Müllberge von morgen

Non Food

Gartenliegen, Akkuschrauber, Hundedecken, Küchenkleinmöbel, Flachbildschirme, Angelruten, Autopflegesets, funkgesteuerte Wetterstationen und immer wieder Taschenlampen in allen Größen, mit Warnblinkfunktion, Xenonbrenner, im Dreifachgebinde oder als wiederaufladbares Monster, wenn der Strom ausfällt. Der ganze Krempel nennt sich Non-Food-Artikel und wird dort verbimmelt, wo ansonsten das Food regiert, bei Aldi, Lidl, Penny, Pupsi, Hupa und wie sie alle heißen. Geheimnis dieses voluminösen Warenstroms ist die zeitbeschränkte Verfügbarkeit des Mülls im Wartestand. Ist dieser auch noch lieblos hingeschüttet in die Grabbelraufe des Discounters, erwacht beim Endverbraucher sofort der Schnäppchentrieb. Ab einem Mindestabstand zum regulären Marktpreis erlischt sofort die Nützlichkeitsselbstkontrolle. So greifen Digital-Legastheniker ungeniert zum PC für tausend Öcken, Rentner schleppen Surf-Utensilien mit nach Haus, und eine Taschenlampe wird grundsätzlich eingesackt. Ganze Haushalte bestehen schon ausschließlich aus dem Non-Food-Gerümpel der Discounter. Was noch nie bei Tchibo oder Lidl feilgeboten wurde, kann nicht wichtig sein für unser Leben. Längst wird auch der Kulturka-

---

Bratwurstkringel
Wenn Deutschland unterginge und nichts bliebe übrig als dieses eine Wort, man könnte aus ihm die ganze Kultur des Landes und das Empfinden seiner Menschen vollständig rekonstruieren.

non bestimmt von dem, was beim Fressalien-Dealer im Regal um Käufer buhlt. Die Zehner-Box mit den größten Klassik-Hits deckt das Bedürfnis nach schwiemeligem Retro-Gejaule ab, das Gleiche gibt es auch für Soul, Rock und Jazzmusik. In den Non-Food-Regalen der Discounter bildet sich das demokratische Mainstream-Gefühl für das aus, was wichtig ist. Hier wird auf das Niveau des durchschnittlichen Tiefspülerbenutzers runtergerechnet, was die Welt an Neuigkeiten bereithält. Die erste Partei, die es schafft, ihre Vorstellungen von der Zukunft bei Lidl in die Gitterbox zu drücken, wird das Land regieren. Vielleicht erscheint aber auch die kommende Enzyklika des Papstes als Taschenlampe im Penny-Markt: Der Herr ist das Licht, und Millionen willenloser Konsum-Morlocks tragen Jesus als Xenon-Brenner für 2 Euro 50 mit nach Hause. Als Durchlauferhitzer für unsere Mülldeponien gehört den Non-Food-Sortimenten in jedem Fall schon jetzt die Umweltzitrone zugesprochen.

Der Tod zum Üben

Rücktritt

Jede noch so hohe Machtposition trägt in sich schon den Keim des Todes. Es wird kommen der Tag, an dem die jungen Wölfe mit den Zähnen fletschen und den Balg des Altrüden verlangen. Wer sich nicht rechtzeitig durch Rücktritt, Freitod oder Affäre von der Lichtung schleicht, der stirbt im Sperrfeuer der Freunde von gestern. Nach oben kommen viele, dort längere Zeit zu bleiben schaffen nur wenige und ein anständiger Abgang gelingt fast keinem. Harald Juhnke entschwand im ewigen Delirium, das hatte Gesicht, auch Jürgen Möllemann zog rechtzeitig die Reißleine – bildlich gesprochen, sonst ja eher nicht. Aber was uns Heide Simonis und Gerhard Schröder vorzauderten, lappte weit ins Reich der Peinlichkeit.

Den Tod der irdischen Hülle, den schenkt uns Christen-menschen der Herr ganz umsonst, und er allein entscheidet, wann es so weit ist. Das gesellschaftliche Ableben liegt weitest-gehend in des Menschen Hand. Hier erst zeigt sich die wahre Größe des Mächtigen, ob er denn auch imstande ist, über seine eigenen niederen Gelüste Macht auszuüben. Der Deutsche hat da so seine Schwierigkeiten, mit Würde die Biege zu machen. Der eine reißt das ganze Land mit hinab in den Orkus, ein anderer liegt tot in der Badewanne rum, der Nächste flieht Hals über Kopf ins Saarland rein. Was soll denn so was! Einen Ab-gang mit Grandezza hat uns Jürgen Klinsmann vorgeführt, nun ist der Strand von Kalifornien allerdings auch verlockender als der Penny-Markt in Wolfratshausen, um seine freie Zeit zu ver-treiben. Noch peinlicher als der vergeigte Abtritt ist ein Come-back als Untoter in der zweiten oder fünften Reihe: Christoph Daum trainiert die Provinzkicker von Köln, Berti Vogts immer-hin Nigeria und unvergessen der Auftritt von Pattex-Heidi als Hupfdohle für RTL. Axel Schulz lässt sich als Opa immer noch für Geld vermöbeln, Günter Grass kann die Finger nicht von der Schreibmaschine lassen – ist es wirklich so schwer, einmal gekanntem Ruhm mit Würde zu entsagen? Muss jede Karrie-re in einem Strudel der Lächerlichkeit oder Tragik enden? Nur beim Papst fällt der leibliche Exitus mit dem gesellschaftlichen zusammen. Wir anderen sollten lernen, für den endgültigen Tod am Karriereende schon einmal zu üben. Dann bleiben

uns dazwischen vielleicht noch Jahre des entspannten Herab-
blickens auf all die verzweifelten Strampler am Abgrund ihrer
Selbstüberschätzung.

Schnittstelle zum Reich der Doofen

Kinder

Ein frisch gezapftes Kind schreit, nervt, schläft nicht durch und
stinkt nach Scheiße. Und dennoch gelingt es ihm, ohne Mühe
jeden zu bezaubern. Deshalb und nur deshalb werden Kinder
überhaupt noch produziert. Mit einem Kind ändert sich alles
im Leben, hauptsächlich die Schnittstelle zum Idiotenbereich,
sie wird jetzt so groß wie das Arschloch vom Blauwal. Hatte
man früher zumeist nur beruflich mit Bekloppten zu tun und
suchte sich die Menschen für die Freizeit nach Neigung und
Sympathie selber aus, so ist man mit Kind dem Urwald hilflos
ausgeliefert. Jungmütter treffen sich in Säugetiergruppen mit
rieseneutrigen Mastodons und gucken den Infanten beim herr-
schaftsfreien Kacken zu. Plötzlich ist man im Elternbeirat einer
Krippeninitiative, verbringt seine Sonntage beim Anpinseln
verwarzter Kommunalgebäude. Einmal pro Woche lesen Eltern
reihum der ganzen Bagage lustige Ballaballa-Geschichten vor,
wieder ein Nachmittag hinfort.
Ganz schlimm wird es dann, wenn die Fortpflanze zur Schule kommt. Hier begegnet uns eine Welt, die ferner von Sinn
und Vernunft nicht vorstellbar scheint: Zusammengepfercht in

gammeligen Betonbunkern verplempert die Jugend sich selbst mit Erwachsenen Handelsklasse drei. Statt Gelehrte, Künstler, charismatische Menschen für eine Zeit ihres Lebens zum Unterrichten der nachwachsenden Generation abzukommandieren, schickt dieser Staat lebenslängliche Beamte. Wer nicht bereit ist, wie Abraham ohne Murren seinen Sohn zu opfern, der wird nicht umhinkommen, seine komplette Freizeit der Auseinandersetzung mit diesem Moloch zu widmen. Dank harmloser Elternschaft ist man in der Leprakolonie gelandet. Hier faulen Menschen an Verstand und Gliedern, reden dummes Zeug und wollen sich dauernd mit einem treffen statt in Demut ihrer Arbeit nachzugehen.

Allein die Tatsache, auch ein Gewächs selben Jahrgangs aufzupäppeln, bringt einem die zweifelhafte Kumpanei anderer Alttiere ein. Grillen bis zum Abiball mit Schulze-Drögepflaums. Die moderne Pädophoben-Kaserne hat für Eltern neben dauernden Gesprächsterminen noch weitere Subotniks vorgesehen, zum Beispiel als Aufsichtsperson mit auf Klassenfahrt, juchhe, in den Ferien das Zimmer vom Direktor frisch tapezieren oder auch mal mit der Schiebkarre zur Hand gehen, wenn die andern Eltern den Pausenhof neu asphaltieren. Ja, und wenn man zu all dem keine Lust verspürt, rächt sich die Leprakolonie mit Gesprächsrunden, deren Gegenstand das eigene Kind dann ist. Doch irgendwann ist es so weit, der Zögling ist strafmündig und hat auch eine entsprechende Sauerei begangen, eine Tanke ausgeraubt oder der Nachbarin den Hugo abgefackelt, sei's drum. Endlich ist das Gelaber und Geschwiemel der Pädagogenzunft Geschichte, und man kann sich mal mit Profis unterhalten.

Brottrommel

Haben Sie schon mal über das Wort „Brottrommmel" nachgedacht? Steckt darin nicht der Klageruf des Hungernden aus dem Urwald, der mit lauten Schlägen an die Fensterscheibe unseres Gewissens trommelt? Wie blass und unscheinbar ist doch dagegen die „Tupperdose". Da tuppert niemand an die Tür unseres Herzens.

CDU

Wirst du jemals so alt aussehen, um auf einem CDU-Parteitag nicht aufzufallen, fragte ich mich mit dreißig. Heute treffen sich dort die ältesten Dreißigjährigen der Welt.

Solche haben wir besonders gern

Die Bewussten

Altbekannt und dennoch immer wieder ekelerregend ist die Neigung bewusst lebender Gutverdiener, an allem und jedem herumzumäkeln. „Nein das da nicht, auf dem linken sind mehr Blaubeeren darauf", nörgelt ein vor Urzeiten trockengefallenes Weib an der Kredenz des Ökobäckers. Ihr ähnlich verschrumpelt dreinschauender Lebensgefährte möchte auf keinen Fall das Randstück des Blechkuchens. „Da bezahle man ja genauso viel wie für das ungleich attraktivere Mittelstück", formuliert die Faltenfresse noch flugs einen Begleittext zum kindischen Egogetue. Die mäkelnden Arschmaden werden zum Pfropf in jeder Kundenschlange, unendlich zieht es sich, bis Trockenpflaume und Schrumpelpimmel endlich ihren Scheißkuchen ausgesucht haben.

Kleinkariertes Rumgenörgel trifft man am ehesten dort, wo leicht mal zwei Blaubeeren weniger auf der Sahneschnitte verschmerzt werden könnten. Doch gerade diese sind es, die sich ständig übervorteilt glauben und denken, das Bessere sei für sie gerade gut genug. Soll doch der gewöhnliche Abschaum die Randstücke der Pizza fressen, die nicht ganz so ebenmäßig durchgebräunte Bratwurst oder die kleinen Stücke vom Blech. Generation Mittelstrahlurin will für sich nur die ausgesuchte Ware, die ihr vom Schicksal bestimmt worden ist. Mit den Randstückfressern möchte man sich nicht auf einem Niveau wiederfinden, diesen kritiklosen Allesinsichreinschlingern. Man selbst ist ja „bewusst", nicht wahr! Häufig trifft man

Christbaumkugeln
Ach, liebe Freunde, wie oft bewegen wir am Heiligabend doch den einen Gedanken im Kopf herum: Sollen wie eine gerade oder ungerade Zahl Kugeln an den Weihnachtsbaum hängen. Nun, aus der Warte des reifen Alters kann ich nur raten, dass auch da wie so oft im Leben der Mittelweg der richtige ist.

Die sind ja lustig drauf! Da ruf ich an, wenn mein Partner nicht mehr dicht ist, bestimmt günstiger als ein Altersheim

die Bewussten auch an den Obstauslagen im Supermarkt. Da wühlen sie in den Kiwis rum, beäugen jedes Stück, bevor es in die Tüte plumpst, sie drücken die Pfirsiche und Avocados, um den Reifegrad zu ermitteln, sie schnüffeln überm Käsebrett dem Schimmel nach – sie kotzen mich an. Was für ein erbärmliches Pisserleben, wenn man in steter Angst vor dem Zweitbesten dahinvegetieren muss. Diese Art selbstgerechter Furzigkeit gedeiht dort am üppigsten, wo sich Unvermögen mit praller Besoldung aufs Ekeligste paart, ja richtig geraten, in den Pampersabteilungen des Staatsdienstes. Da achtet man in seiner Freizeit auf sich, lebt bewusst und hat vor allem Zeit genug, um die Blaubeeren auf der Sahneschnitte durchzuzählen.

Dünkel der Dienstleister

Termine, Wartezimmer und Sprechstunden

Von Ärzten ist man es ja gewohnt, diesen Meistern der Kundenfreundlichkeit, da gibt es Service und Reparaturen nur auf Termin während der Sprechzeiten, und dann sitzt man trotzdem stundenlang im Wartezimmer. Dass es überhaupt so etwas wie ein Wartezimmer gibt, so möchte man meinen, ist eine Bankrotterklärung der eigenen Arbeitsorganisation, bei den niedergelassenen Ärzten aber gehört es zum arroganten Selbstverständnis. Das Wartezimmer funktioniert wie ein Mühlteich, hier wird die Kundenflut angestaut und immer nur so viel abgelassen, dass sich die Praxis gleichmäßig weiterdreht. Wochenlang im Voraus gemachte Termine beziehen sich lediglich auf den Platz im Vorfluter und haben mit dem Zeitpunkt der tatsächlichen Konsultation höchstens das Datum gemein. Seit es Mediziner gibt, nehmen wir diesen Widerspruch aus vereinbarten Terminen und stundenlanger Warterei klaglos hin, statt den Kameraden mal eins vor die Mappe zu zimmern. Unsere Geduld hat fatale Folgen für die Gesellschaft. Der ganze Mummenschanz aus Terminen, Sprechstunden und Wartezimmern ist zum Statussymbol der Dienstleister geworden. Angefangen haben, wer sonst, die Frisöre. Da läuft ohne Termin nichts mehr, und wenn man ihn pünktlich wahrnimmt, wird man mit einem Kaffee oder Juice in die Wartezone gedrängt. Warum wartet eigentlich nicht der Schnippel-Schwulinski selber in seinem dämlichen Wartezimmer, bis der Kunde kommt, und ist dann flugs zur Stelle? Großkünstler der Termin-Arithmetik sind die Kfz- Betriebe, die dortige Spezialität ist der Abholtermin, der kann schon mal um die drei, vier Tage schwanken. Die Meister der Sprechzeiten sind Behörden und Banken: Montags von 11 bis 12 Uhr 30, dienstags zu, mittwochs geschlossen und langer Donnerstag bis 17 Uhr 15. Neulich las ich sogar an der Tür einer Änderungsschneiderei: „Sprechstunden täglich von 10 bis 13 Uhr." Gehts noch!? Nicht umsonst hat sich das Wort „Sprechstunde" über die Mediziner bis heute in unserem Wortschatz gehalten. Es rührt aus der Zeit der Feudalherrschaft, als man beim Fürsten in einer Angelegenheit „vorsprechen" durfte, ohne Rechtsanspruch, nur in der Hoffnung auf Gnade. Klar, dass so was den Krankenkassen-Plünderern gefällt. Und was denen recht ist, kann dem Änderungsschneider nur billig sein. Meine einzige Hoffnung ist die Tankstelle, 24 Stunden auf, keine Sprechstunden, keine Termine, kein Wartezimmer und trotzdem bessere Zeitschriften – hoffentlich kann man sich dort bald die Haare schneiden und behandeln lassen.

Das Baltikum
Sandaletten, Salzletten, Chipsletten, Buletten, die filterlose Reval ... ja das Baltikum hat uns Deutschen so viel
geschenkt. Und zeugen nicht auch und gerade die vielen Europaletten vom Willen dieser jungen Staaten, in der
europäischen Gemeinschaft anzukommen?

Sie kommen direkt auf uns zu

Freizeitradler

Independance Day, Außerirdische im Tiefflug! Aber warum kommen die auf Fahrrädern? Erst am lauthals während des Fluges geführten Gespräch wurde mir klar, dass es sich um Wesen von diesem Planeten handelte. Ein Rudel Freizeit-Jan-Ullrichs raste über den Asphalt, den drahtigen Körper auf schreibunten Kunstdarm gezogen, die tiefgebeugte Rübe in eine Art halbe Gießkanne gezwängt. Gut, dachte ich bei mir, das sind Extremsportler, da wollen wir mal nicht so sein. Kurz darauf passierte die nächste Gruppe auf Rädern den unvoreingenommenen Beobachter. Diesmal im gemächlichen Zuckeltempo, das Männchen vorneweg, die Fähe nebst Geheck hinterdrein. Diese Performance schien wohl das zu sein, was man Radwandern nennt. Trotzdem waren die Teilnehmer ähnlich in Wurstpelle gepresst wie die vorauseilende Tiefliegerstaffel. Papa auf dem All-Terrain-Bike, Mama pedalierte das UniSEx-CityRad und der Wurf mäandrierte auf Kaufhaus-Billiggurken über die Gegenfahrbahn. Alle fünf sahen so aus, als hätte man einem koreanischen Textildesigner LSD über den Reis gebröselt. Nicht nur die Strampelgören, nein, auch die Elterntiere trugen neongrüne Polystyrolkappen auf dem Schädel, rote Knieschützer und Anoraks gegen atomaren Fallout oder so. Hätten die Bundeswehrsoldaten in Kundus nur einen Teil dieser Ausrüstung, mir wäre nicht bange um unsere Jungs. Als Familie Bescheuertsein endlich vorbeigezuckelt war, folgte schon der nächste Wochenendradler. Diesmal halb liegend in einem rasenden Gynäkologenstuhl, ein gelbes Fähnchen flatterte lustig am Heck. Mit der Lenkstange konnte gleichzeitig die Richtung kontrolliert als auch eventuell aufkommendes Arschjucken bekämpft werden, verlief sie doch quer zur Kackfuge in direkter Augenhöhe des Rektums.

So stand ich wohl noch zwei Stunden am Straßenrand und ließ den Zoo der Freizeitradler an mir vorüberziehen. Nicht einer war darunter, der halbwegs normal aussah. Es folgten noch keuchende Familienväter mit Anhängern voller Nachwuchs im Schlepptau, grinsende Rentner, bei denen ein winziger Zweitakter an der Radnabe schnurrte und immer wieder Außerirdische im Tiefflug. Der einzig Normale war ein offensichtlich Wohnungsloser mit Plastiktüten am Lenker. Der machte immerhin den Eindruck, dass er überhaupt irgendwo hin wollte und nicht wie die anderen nur sinnlos den Planeten umrundete.

Unterm neuen Bahnhof ruht

Der deutsche Ingenieur

Eine Demütigung jagt die andere im einstigen Land der Schlaumeier und Korinthenkacker. Denker haben wir keine mehr, und der Rest ist nicht ganz dicht. Nun hat es auch den einst so gerühmten deutschen Ingenieur erwischt. Früher, da achtete man sein Können und seine Sorgfalt, was er erschuf, das hielt und überdauerte Generationen.

Dieses Märchen sollte wieder Gestalt annehmen, im eignen Land wollte man es aller Welt beweisen. Die Eisenbahn, die Eisenbahn sollte zeigen, was der Deutsche kann. Beim rollenden Material gab es einige Schwierigkeiten, der Transrapid war auch ohne Unfall kein Überflieger, aber Gleise überdachen, da macht uns keiner was vor. Und so planten der deutsche Ingenieur und seine Komplizen in der Hauptstadt einen Prachtbau für Hartmut, den Giftzwerg. Riesig sollte er werden und aussehen wie kein zweiter. Als eines Morgens der Architekt auf die Idee kam, man könne doch ein Gerüst aus Stahlträgern als Zierde vors Gebäude hängen, da fragte ihn der deutsche Ingenieur nicht, ob er denn noch ganz richtig in der Rübe sei, sondern tat, wie ihm geheißen. Tonne für Tonne stapelten Arbeiter die Doppel-T-Träger vor die Glasfassade – für nix und wieder nix. Und weil das viel Geld kostete, quengelte Zwerg Mehdorn rum, es müsse nun aber an anderer Stelle gespart werden. Am Dach zum Beispiel, denn dies diene ja lediglich dem profanen Zweck, Fahrgäste vor den Unbilden des Wetters zu schützen. Und messerscharf wie der Zwerg zu denken gewohnt war, schloss er, dass ein Fahrgast ja schon Bahnkunde sei und man sich um ihn ja nicht mehr bemühen müsse. Die Passanten aber, die draußen vor dem Bahnhof stehen, die sollten betört werden durch Doppel-T-Träger. Und so geschah es, das Dach wurde gekürzt und draußen schichteten die Arbeiter ein Gebilde aus Stahl übereinander. Eines Morgens kam der Architekt wieder auf eine Idee: Warum die Träger verschweißen, da ginge doch der ganzen Konstruktion die Leichtigkeit verloren. Man wolle sie doch einfach lose übereinanderlegen. Auch da fragte ihn der deutsche Ingenieur nicht, wer denn ihm, dem Herren Architekt so fulminant ins Hirn geschissen hätte. Nein, er tat wie ihm geheißen. Nur der Monate gerade mal acht gingen ins Land, bis ein Sturm über die Hauptstadt zog und der guten alten Physik wieder zu ihrem Recht verhalf. Den runtergefegten Stahlträger aber sollte man vorm Bahnhof aufstellen mit einem Messingschild daran: Grabmal des Deutschen Ingenieurs.

Das Heil

„Das Heil liegt in der Flucht", kennt der Volksmund ein altes, universelles Hausmittel. Wer weiß, vielleicht sind die vielen Massenvertreibungen auf unserem Planeten nur ein uraltes Verfahren der Naturmedizin, das wir nicht leichtfertig verurteilen sollten.

Tote Tugenden Teil Eins
Höflichkeit

Die Benimmregeln des abendländischen Endverbrauchers stammen noch aus der Zeit des Feudalismus und heißen deshalb „Höflichkeit". Was beim dressierten Adelsspross noch funktionierte, erzeugt im Weltbild der Kanaille allerhand Verwerfungen. So gilt es gemeinhin als unhöflich, mit dem Essen zu beginnnen, bevor nicht alle zu Tisch erschienen sind. Heute bedeutet das, dass fünf Leute mit sabbernden Lefzen vor der erkaltenden Pasta hocken, bis sich endlich der sechste bequemt, das Walken seines Skrotums für die gemeinsame Mahlzeit hintanzustellen. Wie so oft in der Demokratie bestimmt nicht die Mehrheit das Geschehen, sondern die größtmögliche Abweichung davon. Nach allgemeiner Benimmauffassung ist nicht der Trödelfritze unhöflich, sondern die fünf Pünktlichen, begännen sie vor dessen Erscheinen mit dem Mahl. Dabei wäre es nur zu verständlich, rotzte man der arroganten Arschgeige einen saftigen Gelben auf die Tagliatelle, statt seiner zu harren. Recht häufig angemahnt wird auch die höfliche Gepflogenheit, sich nicht unterbrechen lassen zu wollen. „Lassen Sie mich doch bitte schön ausreden", ist die Standard-Hohlphrase der TV-Schwätzer. Auch wenn der geistige Fallout der Labertrine schon das halbe Publikum sediert, gilt doch der Unterbrecher als das Rüpelschwein. Somit surft der Dünnschiss-Texter auf der Welle allgemeinen Höflichkeitsverständnisses, wenn er seine Wortkotze rausreihert. Wir sitzen ohnmächtig da, krallen die Fingernägel in die Handballen, wippen nervös mit den Füßen und müssen tatenlos mit anhören, wie der Seim aus der oberen Körperöffnung quillt. Doch wehe dem, der beherzt zum

Schwerte greift und dem Treiben Einhalt gebietet! Er ist der Böse, denn er ist dem Rechteinhaber auf unablässige Meinungsäußerung in die Flanke gegrätscht. Schluss damit! Wir wollen das alles nicht mehr hören! Höflichkeit hin oder her. Fahrt den Schwätzern mit der Dachlatte über den Äser, wenn sie wieder einmal ihre altbekannten Textbausteine aus der Zwischenablage hervorkramen. Ich bin klein, mein Hirn ist rein, darin soll nur wohnen ein kluges Sätzelein. Und wenn mich schon jemand aus meinem selbstzufriedenen Autismus aufschreckt, dann sollte er die Höflichkeit besitzen, über Folgendes nachzudenken, bevor er zu sabbeln ansetzt: Will das wirklich jemand wissen, was ich jetzt von mir gebe, oder möchte ich es nur loswerden? Eine einfache Frage, deren korrekte Beantwortung ganz Deutschland über Monate in Schweigen hüllte.

Hamster upgegradet
Runterladen

Der Mensch stammt vom Affen ab, mancher allerdings vom Hamster. Schon immer gab es Analfixierte, die irgendeine nutzlose Scheiße in Riesenmengen an sich rafften, zum Beispiel Kronkorken, Bierdeckel oder Dosenwürstchen-Etiketten. Und immer sind es Männer, die so etwas tun. Des nächtens, wenn die Gattin schlummert, schleichen die Molche in ihr Preziosen-Kabinett und holen sich im Angesicht von 20 000 Werbekugelschreibern einen runter.

So weit, so nachvollziehbar. Heute haben sich auch diese Zwangstypen in den virtuellen Kosmos verzogen. Die moderne

Das Leben und der Tod
Das Leben ist kurz, der Tod hingegen wäret ewiglich. Dennoch hängen wir mehr am Leben. Es ist wie mit dem Penis, liebe Freunde: Länge ist nicht alles.

35

Spielart der Obsession heißt Brennen und Runterladen. Genauso wenig wie der Werbekulisammler jemals eines seiner Stücke zum Schreiben missbrauchte, hört oder sieht sich der Runterlader den Rotz an, der aus seiner Festplatte sifft. Vorläufer dieses Krankheitsbildes waren in den Achtziger- und Neunzigerjahren die VHS-Fernsehmitschnitt-Bekloppten. Deren Wohnungen waren bis in Traufhöhe zugemüllt durch hässliche Videohüllen, aus denen Schnipsel von Fernsehzeitschriften herauslugten. Genau dort lag der Moment ihres tragischen Scheiterns, denn irgendwann kam man mit dem Beschriften nicht mehr nach oder die Wohnung wurde schlicht zu klein für den Irrsinn. Angeguckt hat sich auch von denen schon niemand mehr den Mist.

Der Runterlader von heute ist da in einer komfortableren Situation, Beschriftungsprobleme gibt es nicht mehr, es wird alles mitgeliefert, und bis man eine Wohnung mit Daten vollgemüllt hat, verweht leicht ein Menschenleben.

Alles prima, könnte man also denken. Doch weil die Physik dem Runterlader keine Grenzen setzt, dreht sich die Spirale des Wahnsinns immer schneller. Trendy ist es, gar nicht mehr selber downzuloaden, sondern Festplatte-Zuscheiß-Pakete im Abo zu beziehen. Wöchentlich irgendwelche dreißig Filme, hundert Popgesänge oder tausend Muschifotos auf den Rechner jucken lassen, nie angucken und automatisch endlagern. Wenn es einen dann mal packt, kann man über die Random-Funktion auf das eigene Archiv zugreifen und siehe da, was dort gebunkert wurde, ist genau so grottendämlich wie ein Abend mit ProSieben. Dagegen ist der Blick auf eine Vitrinenwand mit zwanzigtausend Werbekulis natürlich die reinste Erholung und Weiterbildung.

Der alte Fuß

Es ist noch gar nicht lange her, da fand ich einen alten Fuß auf der Straße. Er lebte nicht mehr, so viel war klar, aber war er deshalb schon ein Leichenteil? Der andere Abschnitt des kompletten Menschen würde sich ungeachtet des toten Fußes wahrscheinlich bester Gesundheit erfreuen. Unschlüssig, um was es sich nun handelte, hab ich ihn in den Graben geworfen. Wie viel Füße mögen wohl auf die gleiche Weise jährlich verschwinden?

Hochamt der Lebenslüge

Ü-30-Party

Die langsam vergreisende Gesellschaft hält sich durch Lebens-
lügen jung. Hyperaktive Senioren springen durch die Gebiss-
werbung, als wäre Treibjagd im Gerontenstift. Sogar Sex im
Alter ist kein glücklich überwundener Stress vergangener Tage,
sondern stete Anforderung an den Faltenbalg. Jugendwahn
quillt noch aus der intimsten Ritze, da wundert es kaum, dass
jeder sein wahres Alter leugnet, solange sich die Pelle halbwegs
straff übers Gekröse spannt. Hochamt dieser Lebenslüge ist die
Ü-30-Party. Genauso wenig wie eine – huharhar – Frau um
die vierzig niemals unter vierzig ist, haben die Ü-30-Adressaten
nur drei Jahrzehnte auf dem Buckel. Mi-40 oder gar Ü-50 ist
wohl zutreffender, denn allein vom Entertainment-Konzept her
richtet sich die sogenannte Ü-30-Party an verklemmte Reste-
ficker, die sich auf dem Nachhauseweg ihres Lebens befinden.
Da erinnert man sich gern an die Smash-Hits, die einst den
alten Kassettenrekorder befeuerten. Wenn sich zu diesen noch
ein paar zeitgenössische Stimmungsbrüller gesellen, gehts zu
wie im Karneval auf der Hütten oder wo sonst das Tier von der
Leine gelassen wird.

Da der Ü-30-plus-15-Gast schon seit Jahrzehnten nicht mehr
auf der Piste war wegen Ehe, Reihenhaus, Scheidung und pi-
papo, plant er seinen Paarungstrieb durch lustige Alkoholika
auf Volllast hochzufahren. Damals in der Pubertät reichten
vier, fünf Liter Lambrusco, und man war spitz wie ein Hams-
terweibchen. Mit diesem Rezept im Hinterkopf flutet U-30 das
Becken, allein dort unten regt sich nix. Denn Alkohol mag bei
virilen Jugendlichen durchaus als Enthemmer funktionieren,

den alten Schlabberarsch pumpt er nicht mehr auf. Darum, wer wirklich noch was löten will – so um die 30 –, huharahar, dem sei die Seniorensportgruppe angeraten. Dort hält sich das Material zumindest körperlich in Schuss und könnte rein konditionsmäßig einen Geschlechtsakt wahrscheinlich überleben. Ü-30 ist dagegen Rentnerparty pur. Und weil die Vierzigjährigen keinen Bock mehr haben, mit den Fünfzigjährigen auf den Ü-30-Feten abzuhängen, besuchen die mittlerweile Abi-Partys. Wer tatsächlich erst knapp über dreißig ist, hat das entweder noch gar nicht mitgekriegt oder checkt mal, was auf dem Schulhof in den Pausen so läuft. Wenn dann alle Bekloppten in der Krabbelgruppe angekommen sind, ist in Ü-30 vielleicht das wieder drin, was draufsteht: Party für Erwachsene.

Wasserlassen in Nachbars Garten

Sommerpartys

Der Sommer hat viele Schattenseiten, zum Beispiel den Zeckenbiss, den Fliegenschiss und Männer in kurzen Hosen und Pantoletten. Doch schlimmster Feind sommerlicher Beschaulichkeit ist die Gartenparty. So wenig Leute kann man gar nicht kennen, um nicht jedes Wochenende auf einer anderen Grünfläche zu verplempern. Von einem normalen Labertreffen unterscheidet sich das sommerliche Freizeitjuwel nur durch seinen Austragungsort. Die deutsche Party an sich ist ohnehin nichts anderes als eine Beerdigung ohne eingekisteten Moderfritzen.

Alle stehen doof herum und lästern über Nichtanwesende. Findet die ganze Sause open air statt, kommt noch erschwerend hinzu, dass alles voller zwergiger Schreihälse ist. Die Anwesenheit der nervigen Minderjährigen dient als vorgeschobenes Argument, nicht zu später Stunde kopulierend in den Rabatten zu verschwinden. Hätte eh keiner gemacht, weil a) die Materiallage wenig schrittbefeuchtend ist und b) nachher noch was in der Glotze kommt. So schlurft das spaßresistente Rudel zwischen den Rabatten rum, balanciert den Nudelsalat gekonnt an der Rasenkante entlang und kaut am verkohlten Schweinenacken. Es ist auf so frappierende Weise nichts los auf diesen Partys, dass abgefeimtere Zeitgenossen sie schon zum Chillen zwischen heißen Begräbnisfeiern nutzen.

Nichts würde allerdings das typische Gartenparty-Ehepaar mehr irritieren, als wenn tatsächlich etwas Außergewöhnliches auf dem Rasen geschähe. Verlangt wird Gegrilltes, kaltes Bier und Mastbeilage. Kuschelrock-CD kann, muss aber nicht. Allein die Tatsache, sich unter freiem Himmel nächtens einen Rausch anzusaufen, bringt den Teutonen schon in Verzückung. Alles was ihn von dieser Kernkompetenz einer Gartenparty ablenkt, findet nicht seinen Beifall, also keine Verkleidungen, keine Mottopartys, keine Brettspiele. Zwei Sachen sind es, deren Fehlen bei dieser Geselligkeitsform besonders die Männer begeistert: 1. Auf dem Rasen kann man nicht tanzen und 2. Die Nachbarn aus der Siedlung hören jedes Wort, und deshalb putzt einen der Rochen nicht lauthals runter, wenn der Prosecco anschlägt. Zu guter Letzt gilt es noch auf ein paar nicht zu unterschätzende Vorteile der Freiluft-Geselligkeit hinzuweisen, das schummrige Zwielicht der Terrasse ermuntert nämlich, wenn nicht zum Vögeln der Nachbarin, so doch zum ambulanten Wasserlassen in den Krüppelkoniferen, Vorsicht vor Bewegungsmeldern. Auch wer sich schon seit Jahren darauf freut, mal wieder so zu kotzen wie einst in der Pubertät, der kann hier seelenruhig seinen Kehlkopfdeckel zur Seite schieben. Bei Licht besehen ist deshalb die Gartenparty nicht die schlechteste unter den langweiligen Endzeitbespaßungen im Land der Deutschen. Man muss sie nur zu nehmen wissen, als das was sie idealiterweise sein kann, eine hübsche Gelegenheit, um sich wie eine Drecksau zu benehmen.

Die Politik stellt fest

Deutsche sind zu fett

Die Regale liegen voll mit fetten Chips und Zuckersaucen, die Truhen bersten fast vor Tiefkühlfritten, Pizzafladen oder Fertigtorten, so präsentiert sich jeder Supermarkt im Überschwang. Und was tut der doofe Deutsche? Statt die Nahrung nur zu kaufen und dann gesundheitsbewusst wegzuschmeißen, frisst der Idiot das ganze Zeug. Und das schon seit Jahrzehnten. Nun endlich fiel auch der Politik dieser beklagenswerte Umstand auf, und sie beschloss: Fette ab ins Arbeitslager! Oder jedenfalls in die Richtung.

Es ist nämlich beileibe (Achtung Wortspiel) nicht Privatsache, ob man beleibt ist in Merkels Brave New World. Der Fettsack ist nicht nur am Strande ekelig anzuschauen, sondern vor allem ein Kostenfaktor, behauptet jedenfalls eine blubbernde alte Zimmerpflanze namens Ulla Schmidt. Was natürlich frech gelogen ist, denn allein vom Mehrwertsteueranteil der von ihm zusätz-

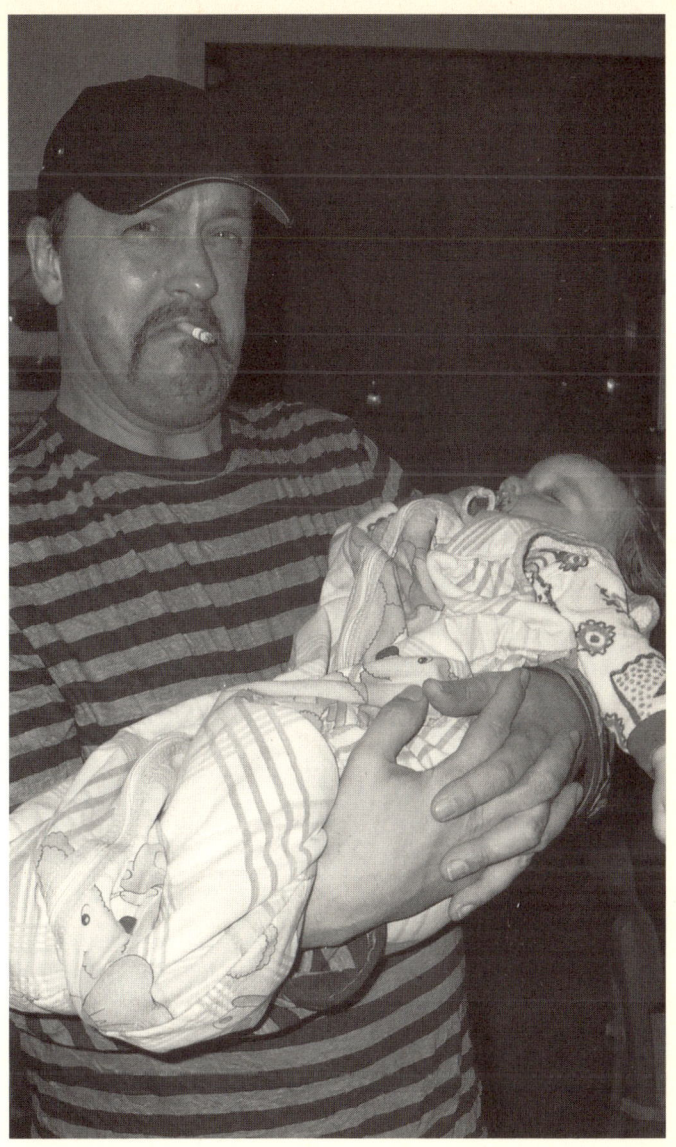

Jessica Jil Charlene und Jürgen

lich verzehrten Nahrung ließe sich so manches Wehwehchen wohl beheben. Wenn man dann auch noch bedenkt, dass die Fettsau früher in die Kiste schwabbelt, und dadurch seine Rentenanwartschaft unberührt hinterlässt, ja, dann wird die Mär vom Kostenfaktor „Riesenarsch und Mörderwampe" schnell zur gezielten Falschinformation.

Was will die Regierung also wirklich? In Gestalt der Singsang-Vogelscheuche Trulla Schmidt natürlich Aufmerksamkeit erzeugen, weil sie mit ihrer langweiligen Frisur nicht auf die Titelseiten kommt. Wir sollten also dankbar sein für jeden Politiker, der sich als Tunte outet, die Frau betrügt, uneheliche Pitbullwelpen zeugt oder es sonst wie schafft, in die Medien zu gelangen. Gelingt ihm das nämlich nicht, fängt er an, Politik zu machen. Dabei kommen dann so großartige Geistesblitze zustande wie Sondersteuer auf Schokolade, Glühbirnenverbot im Privathaushalt und die GEZ-Gebühr für den Tischgrill. Fehlt noch, im Puff am Eingang Dosenpfand zu entrichten. Weil es mit der Gesundheitsreform nicht so recht vorangeht, packt man das Problem an der Wurzel. Warum wird der Deutsche überhaupt krank? Der Frosch ist doch auch gesund, und für den sind die Lebensbedingungen in unserem Land viel prekärer! Ja, der Frosch, der raucht eben nicht, frisst auch nicht so viel, denn die Fliege ist sehr klein und schwer zu packen, im Gegensatz zur Bullette etwa. Statt nun mühsam die Krankenkassen und den ganzen verschwurbelten Pharmafilz zu reformieren, fährt man deren Kosten runter, so das Kalkül. Dazu muss der Germane nur weniger fressen, sich mehr bewegen, und schwuppdiwupp springt er fidel in der Republik herum wie der Lurch im Mühlenweiher. Jene aber, die dann immer noch fett sind, die buchtet Schäuble im Zuge der Amtshilfe so lange ein, bis der Body-

Mass-Index unter 25 fällt. Ja so siehts aus Ihr Speckbullen und Tortenärsche, ab morgen gibts nur noch Rasenschnitt.

Parallelwährung
aus der Valutaferne
Gutscheine

Schon wieder hat eine Krampe aus dem Bekanntenkreis Geburtstag, und zwar nicht irgendwann, sondern morgen. Da man weder weiß noch wirklich wissen will, was die Uschi, der Björn oder das Marion essen, lesen, sammeln oder sich an die Wand nageln, gibt es 'nen Gutschein. Klassiker dieser Verzweiflungsgabe ist der für Bücher, trendy der fürs Wellness-Wochenende. Der Buchgutschein hat den ungeheuren Vorteil, ihn sofort wegwerfen zu können, ohne Umweg über die gedruckte Schwarte. Hier offenbart sich ein veritabler Vorteils-Hattrick: Der Schenker muß kein Buch aussuchen, der Sortimenter kassiert die Gutscheinkohle ohne Gegenleistung, der Beschenkte wirft den Schein dann weg, und alle sind glücklich. Zwei Drittel aller Gutscheine, so weiß die diesbezügliche Marktforschung, landen im Mülleimer. Auch die für das Ayurveda-Öl-ins-Rektrum-blasen-Ganzkörper-Peeling-Tai-Chi-Voodoo-Wochenende. Hat man ja nicht selber bezahlt, also was solls, weg mit dem Wisch.

Der Gutschein ist der Schleichweg in die virtuelle Warenwirtschaft. Noch kann man ihn tatsächlich gegen das darauf Zugesagte einlösen, doch kalkuliert wird er längst als Reingewinn am Kunden in seiner Gestalt als Vollidiot. Dieser allerdings ist gar nicht so blöd, sondern nutzt bereits selbst den Schein als Schein. Darauf steht dann beispielsweise „Gutschein für ein Abendessen mit mir im Wert von 300 Euro". Hämisch glucksend überreicht der verpickelte Kotzbrocken diesen nominell wertigen Fetzen an die atemberaubend schöne Gastgeberin, wohl wissend, dass diese sich eher den Hirnlappen hochföhnen würde, als im Angesicht von Warzen-Mann auch nur einen Bissen zu sich zu nehmen. Kinder, schon immer findig, was die Vermeidung hoher Ausgaben für die Eltern anbetrifft, schenken gerne Gutscheine über „einen Tag lieb sein". Auch hier wird nicht im Entferntesten daran gedacht, diese Aktie jemals in Valuta einzuwechseln. Was solls, die Eltern rührt ja schon die reine Absicht. So trägt der Gutschein zum allgemeinen sozialen Wohlbefinden nicht wenig bei, und wenn es nur ist, dass er unsere Wohnungen vor unnützem Müll verschont, den andere als Präsent anschleppen. Ideal wären übrigens auch Gutscheine für Beziehungsgespräche, die könnte man dann auch einfach wegwerfen.

Endlich!
Aschermittwoch

Hexenverbrennung, Streckfolter und Leprakolonie sind merkwürdigerweise ausgestorben, das letzte Überbleibsel des Mittelalters, der Karneval, hingegen schwelt noch mitten unter uns. Nur hat er mit den einstigen Saturnalien nicht mehr als den Namen gemein. Aus dem anarchischen Exzess ist eine bräsige Vereinstümelei geworden, von sexueller Ausschweifung ist er so weit entfernt wie die Jahreshauptversammlung der Postgewerkschaft. Trotzdem, genau so stellt sich Freund Kissenfurzer die Ekstase vor, gerade weil die spießige Lustigkeit so gar nicht über die Stränge schlägt. Im Karneval darf man so tun, als nähme man das Leben nicht ganz ernst. Im Mittelalter waren die tollen Tage auch nur ein Ventil für das hierarchische Gesellschaftsgefüge aus Kirche und Adel, aber sie waren immerhin eins. Heute sitzen dieselben Pappnasen sowohl in der Politik als auch in den Prunksitzungen, und niemand findet das verwunderlich. So verkam die Fastnacht zu einer staatstragenden Witzigkeit ohne jedweden anarchischen Anspruch. Ihr Gegenteil ist nicht der Ernst und die Humorlosigkeit, sondern der Humor selbst. Die noch blöderen Geschwister des schalen Scherzes finden im Karneval ein Refugium, und die Mutter allen Stumpfsinns nennt sich Köln. Aber statt dass die Schunkelräude allmählich vom Erdenrund verschwindet, breitet sie sich immer weiter aus. Kein Winkel dieser Republik ist mehr ohne Schlipsabschneiderinnen und fettwanstige Blödiane in Tuckengarderobe. Sicher, der Deutsche feiert jeden Scheiß, wenn man es ihm befiehlt: Führers Geburtstag, Halloween, Valentinstag, warum da nicht auch Karneval. Die ungeheure Faszination der Narretei liegt zusätzlich darin, dass sie das Gegenteil von dem ist, was sie zu sein vorgibt. In der närrischen Zeit hat der Narr nichts verloren. Hier schlägt die Stunde der Dumpfbacken, Kellerlacher, Zotenreißer und Bäckerblume-Witzeseitenverschlinger. Sie dürfen ein paar Tage sich und anderen vormachen, die Leichtigkeit des Seins gehöre auch zu ihren Lebensmaximen. Und wie jede Lebenslüge funktioniert sie am besten in der Massenveranstaltung. Nach dem Motto: Fresst mehr Scheiße, hunderttausend Fliegen können nicht irren. Allein zu Hause vor dem Spiegel Ruckizucki singen, und die ganze kleinkarierte Schäbigkeit des Karnevals wäre selbst für Kölner nicht mehr zu verbergen.

Der lackierte Hund

Als ich heute Morgen das Haus verließ, sah ich ein paar Kinder, die einen kleinen Hund grün überlackierten. Ach, dachte ich wehmütig, wie schön war doch die Kindheit, als man sich die Welt aus eigenen Träumen erschuf, und wie öde ist hingegen die Erwachsenenwelt mit ihren Normierungen und Zwängen. Aufmunternd winkte ich den wackeren Rangen zu und ging meines Weges. Lackieren Sie doch auch mal jemanden über! Sie werden sehen, es wird Ihnen Freude bereiten.

Segen der Moderne

Befreiung von den Thekengremlins

Die größte Errungenschaft des neuen Jahrtausends ist die Befreiung der Bürger vom Ladenschwengel. Allein die Tatsache, dass unser Exkanzler dieser Welt seine Mannwerdung verdankt, sollte einem zu denken geben. Heute muss niemand mehr für irgendwas in eine der Servicehöhlen abtauchen, um sich von den dort hausenden Mischwesen anraunzen zu lassen. Alles gibt es im Netz, billiger sowieso, schneller gehts auch noch. Rund um die Uhr kann man bestellen, und wenn es nicht gefällt, holts der Götterbote mit dem Dreieinhalbtonner wieder von der Ranch. Warum trotzdem noch überall Einkaufscenter und Shopping-Malls eröffnen, verstehe wer will. Haben diese Menschen kein Internet, keinen Parkplatz vor der Tür für den berittenen Kurier der Waren oder einfach sonst keine Hobbys, dass sie ihre kostbare Restlebe mit den Mercantophagen verplempern?

Ich, der ich glaubte schon alles gesehen zu haben, was es in Teutonien an Kundenräude gibt beim Ladenschwengel, machte jüngst doch noch eine neue Erfahrung. Ort ist eine Postagentur auf dem Lande, Nachfolgeeinrichtung der behördlichen Briefabwicklungsstation, die das Staatsunternehmen seinerzeit für Landbewohner vorhielt. Dort öffnete 53 Minuten pro Tag ein unkündbarer Lurch sein Panzerglas-Terrarium und stempelte mit sich selbst um die Wette. Mit Freude und Erleichterung sah ich dann, dass die privatisierte Post ihre Beamten-Mausoleen schloss und den Service in private Obhut übergab. Flugs hatten die Agenturen 10 Stunden geöffnet statt nicht mal einer, die Bedienkräfte nahmen menschliche Züge an und alles war prima. Als ich neulich mal wieder eine Agentur besuchte, um ein Paket aufzugeben, musste ich feststellen, dass der Geist, der stets verneint, wieder oberhand gewonnen hat. Die Außenstelle des Irrsinns, um die es geht, wird täglich um 15 Uhr vom Postwagen angefahren, um die eingelieferten Pakete abzuholen. Damit der Kunde nicht vor Glückseligkeit einem Herzinfarkt erliegt, schließt die Lurchenhöhle sicherheitshalber zwischen 12 und 15 Uhr. Da sich die Postagentur innerhalb eines Ladengeschäfts befindet, kann man folgende, reizende Beobachtung machen. Kurz vor drei bildet sich eine Kundenschlange vor dem Abfertigungstresen, darauf thront ein Schild mit dem Zauberwort deutscher Betriebsamkeit „GESCHLOSSEN", dahinter turnt aber schon der Postillion herum, denn der verabschiedet gerade den Abholfahrer vom Verteilzentrum. Als Kunde mit dem dringlichen Paket in der Hand hat man nun Gelegenheit, hautnah mitzuerleben, wie die Post einem vor der Nase davonfährt. Erst als bombensicher ist, dass der Wagen den Hof verlassen hat, räumt der Lurch das Schild vom Tresen und grinst freundlich in die Runde: „So, jetzt kanns losgehen." Den herben Schlag in seine Amphibienfresse hat er irgendwie nicht verstanden.

Erster Mai in Kreuzberg

Kreuzberg, ein Stadtteil, in dem man nicht einfach nur wohnen kann. Die Adresse ist eine Ansage an alle, die nicht dort leben, genau wie München-Grünwald oder Hamburg-Blankenese. Kreuzberg hat gegenüber Letzteren den Vorteil, dass man dort ohne Geld hinziehen kann, ja sogar muss. Denn hier residierte, und tut es wohl auch noch, das Edel-Prekariat, Menschen, deren

Lebenslüge darin besteht, ihre Erfolg- und Aussichtslosigkeit sei Absicht. Die selbstgewählte Verblödungsstrategie funktioniert dort am besten, wo man ausschließlich auf seinesgleichen trifft, da ähneln sich wieder Kreuzberg, Grünwald und Blankenese. Übrigens auch im prozentualen Anteil der Transferleistungsempfänger. In den Villenvororten ausgezahlt als Steuersparmodell, in Kreuzberg direkt auf die Hand als Hartz-IV-Wohngeld, Hundefutterbeihilfe oder was es sonst noch gibt unter den 156 Sozialleistungen in unserer verquasten Republik.

Doch nichts hasst der Mensch so mit Leidenschaft wie die Hand, die einen füttert. Darum ist Staatsverdrossenheit in Kreuzberg Staatsreligion. Höchster Feiertag der autonomen Gotteskrieger ist der 1. Mai, da ist Dschihad angesagt gegen die Ordnungsmacht. Jahr für Jahr wird der revolutionäre Straßenkampf als schwülstige Oper aufgeführt, mit echten Verletzten und wirklich brennenden Autos. Als wärs von Superblödmann Schlingensief, treten die Truppen gegeneinander an, in einem Kampf, von dem niemand weiß, worum es überhaupt geht. Es ist eines der letzten Rituale der alten Bundesrepublik, das hier als Open-Air-Spektakel aufgeführt wird: „Das Schweinesystem vermöbelt die revolutionäre Linke." Jahrzehntelang unentbehrliches Requisit war die Berliner Wanne, der alte Mercedes-Mannschaftstransporter der Polizei. Mittlerweile sind die Wannen ausgemustert und in sentimentaler Verklärung von den einst darin Eingesperrten als Wohnmobil ausgebaut worden. Die Oper zum ersten Mai gliedert sich in fünf Akte, ein Vorspiel und ein Epilog. Präludium: Der Polizeipräsident erklärt die Deeskalierungsstrategie oder die Null-Toleranz-Haltung, jeweils alternierend in den Jahren mit gerader oder ungerader Endziffer. Erster Aufzug: Die Einwohner nageln die Fensterscheiben

---

Der Löwe

Leo heißt der Sohn vom Nachbarn – der Löwe. Dabei sieht er so erbärmlich und mickrig aus, dass man ihn ertränken möchte. Warum verstellen Eltern ihren Blick auf die Tatsachen des Lebens und nennen ihren Sohn nicht lieber Wanze, wie es angemessen wäre. Oh ja, Elternschaft hat viel mit Selbstbetrug zu tun.

zu und räumen die Parkbuchten, Bereitschaftspolizei bringt sich deeskalierend in Position. Zweiter Aufzug: Friedliche Demonstranten demonstrieren, dass sie friedlich sind. Dritter Aufzug: Friedliche Demonstranten schmeißen deeskalierenden Polizisten Steine an den Kopp und umgekehrt spricht das Tränengas. Vierter Aufzug: Ein bisschen Blut, irgendetwas brennt, manche werden verhaftet, andere türmen, ein kakophonischer Bläsersatz aus Martinshörnern macht dazu die Musik. Fünfter Aufzug: Die Strecke wird verblasen: Anzahl der Verletzten, Höhe des Sachschadens, Menge des Mülls. Epilog: Nächstes Jahr ist die Inszenierung genau andersrum, entweder deeskalierend oder null Toleranz. Fehlt eigentlich nur noch der Chor der Pressestimmen, damit die Oper komplett ist.

Gesundheit als Firlefanz
Schweinefraß der Mittelschicht

Unser aller Lieblingsschicht, das Prekariat, frisst, wie wir wissen, hauptsächlich Gammelfleisch. Gern zwischen zwei Fladenbrothälften endgelagert und durch Tsatsiki nebst Weißkohlstrippen aufgehübscht. Fleisch isses einfach für die Jungs, Würste, Buletten, Schinkengriller, Schnitzelpfannen, Gyrospizza, Haxen, Hähnchen, halbe Schweine am offenen Feuer aufgespießt. Da gibt sich der gutverdienende Citypinscher natürlich wählerischer, der geht zu Subway und kombiniert sich ein individuelles Sandwich. Man nehme zwei Stücke Pappkarton, eine Handvoll Rasenschnitt, drei Lappen tote Pute, ejakuliere etwas Zaubersauce drüber und fertig ist das SUB, ein Maulsperre provozierendes

Armut in Deutschland: Kinder suchen nach frischen Regenwürmern.

Ernährungsgebilde, das mit anständigem Essen nichts mehr gemein hat. Für 'nen Euronen-Fünfer eine aufgemotzte Ami-Bemme schlingen, das finden wirklich nur total Verseuchte lustig. Das altehrwürdige Leberwurstbrot oder die Käsestulle, über Tage im Tornister gereift, sind dagegen wahre Leckerbissen. Vom Mettbrötchen mit gehackten Zwiebeln ganz zu schweigen. Dieses Kleinod deutscher Reiseverköstigung musste schon seit langem dem welschen Baguette weichen. Stulle, Bemme, Butterbrot, das kaute der Wanderer in alten Heinz-Erhard-Filmen. Baguette und Sandwich will der deutsche Doofmann heute schnabulieren, das klingt modern und nach frisierter Lebensart. Darum liegen in den Tanken und Rasten die Glasvitrinen voll mit dem Maulsperrezeugs, konfektioniert von langer Hand in der Fraßfabrik. Kann also nich so richtig knackig frisch sein, wenn das plastoline Leichentuch den Salatfetzen würgt, kombinierte, schlau wie er ist, der kritische Verbraucher. Da nun trat Subway auf den Plan, die gaaanz andere Fast-Food-Kette, denn hier isses so was von gesund wegen des hohen Planzenanteils und so. Und außerdem wird hier jede Pansenbombe frisch vor den Augen der Endlagerstätte zubereitet. Und jetzt kommt es noch doller! Man kann sich die Zutaten alle wie sie da sind kreativ zusammenstellen. Wenn man dann nachher kotzt ist man selber schuld. Weil sich nun jeder zweite City-Blödian für einen Kreativbolzen hält, packt Subway ihn bei seiner Eitelkeit: Ein bisschen von dem Plastikkäse da, zwei Scheiben rosa Putenarsch, Plockendressing und alles auf Bio-Dinkel-Steinofen-Presspappe. Mmmmh, echt gut und gar nicht mal teuer für 5 Euro 80. Jetzt noch bei Arschbucks 'nen Cappuccino mit Black Currant-Geschmack für 8 Euro oder 'nen Latte, ähöhö. Eben Schweinefraß der Mittelschicht.

Der Maulschlüssel

In rohen Zeiten erhielten viele unserer Dinge ihre endgültigen Namen. Meinen Sie nicht auch, dass es an der Zeit wäre, etwas netter zu diesen treuen Freunden zu sein. Sollte der Maulschlüssel nicht besser Mundschlüssel heißen. Aber wie ist es mit dem Fresko, der Fakultät oder der Fiktion? Schleicht sich nicht gerade über das Fremdwort so manche Sauerei in unsere Sprache ein?

Rumgejuckel ohne Ziel

Oldtimer-Rallyes

Wenn eine Ausfahrt mit alten Autos nicht mehr Oldtimer-Rallye heißt, sondern irgendwas mit Classic-Cars, so weiß man, dass sich dort die Betuchten und Blasierten zum automobilen Stelldichein verabredet haben. Rumgejuckelt wird stets zwischen Schlössern und Burgen, auf den Beifahrersitzen hocken braungegrillte Saatkrähen und nippen Piccolöchen aus Schnabeltassen. Manchmal fragt man sich, wo hört die gegerbte Sozia auf und wo fängt der Ledersitz an. Vor oder manchmal auch hinter dem Conolly-Gestühl blubbert Vielzylindriges vergangener Tage, Hauptsache teuer. Hier jagen keine großen Jungs ihren automobilen Kindheitsträumen nach, hier wird geklotzt. Es ist nicht der alte Opel Kadett, mit dem der Vater einst täglich ins Zementwerk tuckerte, dem die Trauerarbeit gilt. Bentley, Mercedes 300 SL, Rolls und Porsche und noch ein Mercedes 300 Sl, man kann sie schon nicht mehr sehen, die geleckten Muschifallen aus der Adenauerzeit. Und da kommt noch ein Mercedes 300 SL, diesmal als Flügeltürer, booohhh. Heraus windet sich ein gelichtetes Grauhaar in pastellfarbenem Jockeypullover und hellbeigen Chinos. Unterm andern Flügel kriecht nun aber nicht wie üblich das ältliche Grillhühnchen hervor, sondern ein knackiger Backfisch jüngeren Baujahrs. Doch noch ehe wir an die Macht des vierrädrigen Muschinators zu glauben beginnen, flötet es klärend aus der Beifahrerin: „Du, Paps, was ist denn für ein Dress-Code bei der Siegerehrung?" Sieger in welcher Disziplin? Blödig aus 'm Cabrio rausglotzen? Ist auch egal, denn irgendeinen Pokal kriegt jeder beim Classic-Car-Gecruise. Abends auf Schloß Pöbelsdorff spielt eine Rentnerband Dixieland, und zwischendurch verteilt die Obergrauschläfe silberne Eimer an die Teilnehmer. Alles schweinegediegen und „richtig schön", wie auch die Damen finden. Denn deren Wohlwollen zu erhalten, darum geht es den Veranstaltern. Was nützt ein Oldtimer-Treffen über mehrere Tage, wenn keiner sich anmeldet, weil das Heimgebläse querschießt. Deshalb wird alles Technische und Schmierölverdächtige mit Sorgfalt vermieden, damit ja den Gattinnen die Laune nicht vergeht. Vom Autotest in der BRIGITTE kennt man diese feminine Annäherung an das Thema. Bleibt am Schluss zu fragen, wie so oft: Was soll der Scheiß? Doch auch hier muss der Chronist achselzuckend die Antwort schuldig bleiben. Ich weiß es nicht, und ehrlich gesagt, will ich es auch nicht wissen.

Ja abba, ich denke irgendwo ...
Ende des Gesprächs

Das Gespräch zwischen zwei zivilisierten Mitteleuropäern diente einst dem Vordringen zu neuen Einsichten, die noch nie von einem Großhirn vorher betreten worden waren. Und nur durch die Parallelschaltung zweier Geister ergab sich ein Erkenntnismoment, zu dem keiner einzeln je in der Lage gewesen wäre. Witz, Esprit und Weisheit sprudelten zwischen den Gesprächsteilnehmern hervor, ohne dass man später hätte genau sagen könne, wer im Einzelnen der Urheber gewesen wäre. Es war eine Lust, Gespräche zu führen.

Betreten wir nun die Gegenwart. Auf einer Party zu irgendeinem nichtswürdigen kalendarischen Anlass steht das

Pack in der Fressgasse herum, spachtelt Designerpampe in sich rein und saugt am roten Weine. Bei dem Geblubber zwischen den mampfenden Cromagnons soll es sich auch um Gespräche handeln, die Wahrheit ist allerdings ernüchternder. Jeder bläst nur Heldengeschichten aus seinem Dasein als Riesenarschloch ab. Solange eine Kanaille Anekdoten abfurzt, scharren die anderen mit den Hufen, bis endlich sie an der Reihe sind, das Gebälk zu biegen. Außer dem Party-Laber-Genre „Heldenkotze" gibt es auch noch die „Meinungs-Kontroverse". Darin beglückt Riesenarschloch die Umstehenden mit seiner Analyse der Weltlage, dem Sein als solchem oder wie er den Einsatz in Afghanistan beurteilt – aus Sicht eines Werbetexters. Kurz und gut, Geistesblitze aus der langen Unterhose, keiner will sie hören, keiner je sich damit auseinandersetzen. Darum lauern alle nur auf winzigste Pausen, um sofort mit einem „Ja abba" in den Monolog zu grätschen. „Ja abba, auf der anderen Seite denke ich ...", so beginnt dann das Konkurrenzgewurste, genauso erkenntnisfrei und bar jeder Vernunft wie die schon vergessene Ansicht des Vorredners. „Ja abba", das ist der Universalschlüssel, mit dem man in jedes geschlossene Meinungsgebäude unaufgefordert eindringen kann. Und wenn dann noch ein „Ich denke" folgt, dann kann man sicher sein, dass genau das gerade nicht passiert. „Ja abba, ich denke, irgendwo hab ich auch einen Anspruch darauf, dass man mich ernst nimmt mit meinen Bedürfnissen." Klar, genau wie der Arsch Anspruch hat auf zwei Löcher, eins für raus und eins für rein.

Der Neonazi

Aus einer Laune heraus hab ich neulich einen mir unbekannten Neonazi aus der fahrenden Straßenbahn geschubst. Er hat sich nicht viel gebrochen, doch mir hat es den halben Vormittag versüßt. Man kann auf alle Menschen zugehen, man muss nur wissen wie.

Der Sinn des Lebens

Viele Menschen fragen sich, worin denn wohl der Sinn des Lebens bestände. Was für eine törichte Frage. Worin besteht der Sinn eines zweiten RTL-Fernsehprogramms, und dennoch ist es existent. Und sollte nicht eine Welt, die ein RTL 2 ertragen kann, auch uns ertragen können.

Bespaßung mit Niveau

Passive Bildung

Der Mensch kommt als kleines Arschloch, roh und ungeschliffen, auf die Welt. Was ihm dann in den ersten Lebensjahren widerfährt, nennt sich Erziehung und wird von außen an ihn herangetragen, wie zum Beispiel Dankesagen, die Koprophilie in den Griff kriegen und dem Schwesterchen nicht den Hals umdrehen. Mit der Zivilisation schon ein wenig mehr vertraut, schließt sich der Erziehung die Bildung an. Diese allerdings soll schon vom Individuum in Eigenleistung erlangt werden. Neugierig auf das, was die Welt im Innersten zusammenhält, erforscht der kleine Bildungsbürger Kunst und Philosophie, Wissenschaft und Religion. Danach ist er nicht nur schlauer geworden, sondern weiß, dass man das Erbe der Väter erwerben muss, um es zu besitzen.

Die spätbürgerliche Wohlstandskrampe unserer Tage dagegen scheißt was auf den aktiven Teil dieses Unternehmens und „lässt sich weiterbilden", beispielsweise zur Ayurveda-Paartherapeutin oder so. Möglichst nicht mit dem Arsch aus dem Versorgungssofa hoch und sich dabei mit esoterischem Blödsinn bespaßen lassen, so bringt Bildung Fun. Je bekloppter das Sujet, desto eher lässt es sich portionieren: Vierzehn Doppelstunden tibetanische Peniswurzelmassage und schon darf man sich Meister nennen. Je vorgekauter die Esoterikgrütze und je teurer die Kurseinheit, desto bereitwilliger nimmt der Zögling den Mumpitz auf. Schon nach einer Woche Crashkurs schleicht der Weitergebildete mit einem alten Batterietester durch die Wohnung, um dem schädlichen Rosettensmog auf die Schliche zu kommen. Schnell noch mal einen Sessel umgerückt, und die Rechnung erweitert sich um den Posten Feng-Shui-Beratung. Da man am ehesten zu glauben bereit ist, was man nicht sieht, erfreut sich die Wasserader bei den selbsternannten Experten großer Beliebtheit. Auch in der Psyche, die ja per se nicht durchschaubar ist, fuhrwerkt der GeschwindGeschulte gerne herum. Angepriesen wird die Befreiung von Angst, Stress und Afterjucken, alles nach den zwölf Weisheiten der Mescalero-Kasemuffen. Ruckizucki ist der schiefe Brägen wieder ganz, und wenn man noch 'nen Tausi drauflegt, darf man sich selber Lehrer der entsprechenden Kasemuffen-Weisheit nennen. Ja, und wenn es nicht klappt mit Aloe Vera, Hinkelsteintherapie oder anderem fernöstlichen Budenzauber, dann lässt man sich eben für den nächsten Hokuspokus weiterbilden. Und ist man dann endlich komplett verblödet, kommt die nächste Karriere, als Kranker, Opfer oder Geschädigter. Immer schön im Passiv bleiben, damit das Leben nicht aus Versehen plötzlich Spaß macht.

Hure mit Ausstrahlung

Atomkraft

Die Atomkraft, der deutsche Schicksalsstrom, gerät immer wieder ins Zwielicht der Öffentlichkeit. Kaum dass die fossilen Versorger ein wenig schwächeln, holen CDU-Ministerpräsis wieder den Brennstab aus der Hose. Die SPD hingegen orientiert sich am eignen Wählerschwund und weiß, dass der Deutsche jenseits seiner Steckdose lieber ein Windrad lustig sirren sieht. Erneuerbar sollen sie nämlich sein, die Energien und keine Ausländer. Da hätten wir ad eins die Sonne, die scheint dem Deutschen zwar ohne Unterlass aus dem Arsch, aber ansonsten recht wenig im Heimatland des Graupelschauers. Das Duschwasser damit zu erwärmen, mag gerade noch gehen, aber für die Aluschmelze reichts halt nicht. Ad zwei ist der Wind, der in puncto Versorgungssicherheit schwer von vorne bläst und durch den fossilen Ofen abgepuffert werden muss. Was haben wir noch in Dschörmeni? Rinderfürze und alte Europaletten, das wäre es dann aber auch schon an Energielieferanten. Alles, wovon sonst das Ceranfeld glüht, kommt von bösen Buben aus der Fremde, ob Öl, ob Gas und auch Uran, Muselmane, Iwan und anderes Gelichter sitzen am Versorgungshahn. Ob wir jetzt Atomkraft für eine dolle Sache halten oder irgendwie für total dangerous, ist eigentlich völlig schnuppe, denn deren Verbleib am Netz regelt schlussendlich nur der Markt. Wenn wir Glück haben, wird Uran so knapp und teuer, dass der Atomausstieg bestehen bleibt und wir uns langsam durch Kohlendioxid die Lebenskerze ausblasen. Sollte dann noch vorher beim Franzosen ein Meiler in die Luft fliegen, können wir in einem besseren Leben stets behaupten: Ätsch, wir waren's nicht. Rüsselt sich hingegen der Chines' in raschem Tempo die letzten Ölvorräte rein, dann ist die SPD mit Sicherheit das schwächste Bollwerk gegen den Wiedereinstieg beim Uranverzehr. Darum richten wir unsern Blick in Ehrfurcht auf die gute alte Schuko-Steckdose, sie trägt die Probleme dieser Welt direkt bis in unser Wohnzimmer. Und immer wenn wir an ihr saugen, verbrauchen wir ein Stück Zukunft – so oder so!

Die alte Kastanie

Wie wenig Stellfläche nimmt doch eine alte Kastanie ein, und dennoch erblüht sie jedes Jahr aufs Neue – ganz im Gegensatz zur Ehefrau, auch das soll hier einmal ganz ungeschützt zur Diskussion gestellt werden.

Die alte Schraube

Es ist noch gar nicht lange her, da entdeckte ich eine alte rostige Schraube in meiner Unterwäsche. „Pardauz!", dachte ich, „wo kommst du denn her", nahm den kleinen Schlingel mit zwei Fingern und warf ihn in die Mülltonne. Erst Wochen später bemerkte ich, dass mein linker Hoden tiefer herunterhing als mein rechter.

Ungeschützte Offenheit

Cabrios

Weil eine Klimaanlage schon den mickrigsten Daihatsu ziert, flaniert wer auf sich hält sommertags im Cabrio über den Asphalt-Boulevard. Die Tauben scheißen rein, Ruß und Abgase finden ungestört den Weg ins Bronchien-Labyrinth und wenn das Zentralgestirn richtig unter Feuer ist, schaut oben aus des Fahrers Kragen ein fetter Shrimp, dort wo gestern noch der Kopf gewesen.

Früher hielt die umständliche Prozedur des Verdeckentriegelns, -faltens, -klappens zumindest die Faulen und Fetten vom Cabriofahren ab. Heute, da auf Knopfdruck das Blechdach im Kofferraum verschwindet, schreckt es niemanden mehr. Ein offener Pkw galt einst als nuttig, frivol und zumindest weibisch, obwohl sogar der Führer im Mercedes-Cabrio paradierte und im Militär seit jeher dem offenen Führerstand der Vorzug gegeben wurde. Danach hockte die triebgesteuerte Grauschläfe am Volant des Unbedachten und hoffte mit seiner Hilfe Nagelbares auf den Beifahrersitz zu locken. Heute fährt jedermann was offenes, es muss kein BMW oder Audi sein, manchmal reicht auch ein Opel Tigra oder Ford Ka, um mal was richtig ekelerregendes zu nennen. Beim modernen Cabrio ist die Frontscheibe so weit nach hinten gezogen, dass sie bis auf wenige Zentimeter an das steil aufgerichtete Windschott heranreicht. Trägt der Fahrer eine Ledermütze, könnte es ebenso gut ein Coupé mit Vinyldach sein. Wenn die warmen Tage des Jahres noch frisch und neu sind, hat sich der Cabriofahrer oft noch nicht an die Offenheit seines Pkw gewöhnt und lebt die eigene deshalb genauso deftig aus, als säße er in der schallgedämmten Fahrgastzelle: „Fahr endlich,

Raucherdorf

Plattengülle

SAMTGEMEINDE

RATTIGHÜFFEN

Ohne Worte

du dreckige Arschmade", röhrt es ungefiltert aus dem schnieken SLK, hatte der Fahrer doch in der Hitze des Gefährts für einen Moment das geöffnete Verdeck nicht ganz präsent. Wer also etwas über des Volkes wahre Gesinnung erfahren möchte, positioniere sich im Frühjahr an einer Ampelkreuzung und lausche den Gesängen der Cabriopiloten. Die vermutliche Hitliste sei hier schon verraten: Platz 1: Grüner wirds nicht, Opa. Platz 2: Typisch Frau, zu blöd zum scheißen. Platz 3: Wieso bremst der Penner. Daneben erwartet den interessierten Automonolog-Forscher ein ganzer Reigen neuer Fachausdrücke für die Bereiche Frau, Rentner, Ausländer oder allgemein Mitmensch. Nach ein paar Wochen ist der Spuk vorüber, der Sonnenbrand auf der Glatze erinnert noch den größten Trottel daran, dass sein Dach aufgeklappt ist. Stumm und verbittert hocken die Cabriofahrer hinterm Lenkrad und freuen sich auf schlechtes Wetter. Dann darf man endlich wieder ohne Gesichtsverlust das Verdeck zuklappen und in der Abgeschiedenheit seiner Fahrerklause auf die Drecckskanaken, blöden Muschis und scheintoten Arschgeigen vor einem schimpfen.

Deponie für Jahrgangsreste

Hauptschule

Die Wehrpflicht darf man verweigern, die Schulpflicht blöderweise nicht. Dabei sind neun Monate beim Barras ein mildes Frühlingslüftchen gegen sechs Jahre auf der Hauptschule. Die Pädagogen beim Militär tragen keine abartigen Pullover, und die Mitschüler schießen nur auf Scheiben. Will man als Eltern sein Kind wegschmeißen, hat der Staat dafür ein pädagogisches Endlager vorgesehen. Ist die eigene Brut von Hause aus schon renitent, gewalttätig und dumm wie Schifferscheiße, dann findet sie in der Hauptschule immerhin ein artgerechtes Biotop.

Doch ist es wirklich nötig, den zusammengefegten Rest eines Schülerjahrgangs sechs Jahre lang von teuren Beamten betreuen zu lassen? Wenn eh nur Psychopathen dabei herauskommen, kann man die Bastarde doch günstiger im Park Hundekötel aufsuchen lassen. Anscheinend legen weder manche Eltern noch deren Kinder Wert auf kostenlose Ausbildung, da steckt man das Geld doch besser in andere Projekte. Also: Hitzefrei für alle Pestbratzen, verpisst euch, Teachers leave them kids alone!

Dann kommt aber auch nicht wieder mit achtzehn angekrochen und wollt einen Führerschein machen. Nix da! Gibts nich mehr für Doofe! Und Hartz-IV ist auch nicht und überhaupt gibt es gar nix mehr umsonst. Für alles, was ihr ab jetzt vom Staat haben wollt, müsst ihr blechen. Und damit ihr das Geld zusammenkratzen könnt, richten wir extra einen Niedriglohnsektor ein. Aus dem können sich Leute mit Hauptschulabschluss dann einen Blödmann kommen lassen, der für fünf Euro ihre Klärgrube von innen tapeziert. So siehts nämlich aus! Ätsch, dann werden wir einfach kriminell, sagt ihr euch. Doch glaubt ja nicht, dass es im Knast noch so lustig ist heute. So ein Schwachsinn wie Rauchverbot in Restaurants, aber Quarzen erlaubt in der JVA, so etwas gibts natürlich nicht mehr. Und resozialisiert wird nur noch, wer brav ist. Der Rest kann für die Dauer seiner Haft am Pillermann spielen, bis ihm das Lokusbecken im Wahn als Frau erscheint. Damit die ganze Show nicht zu langweilig wird, gibt es im Knast jeden Tag ein hübsches Spiel, und das heißt Hauptschule. Und ihr doofen Schweine spielt darin die Lehrer, huharharhar. Auf den Bänken sitzen die Wärter und schmeißen euch Sachen an den Kopp, wenn ihr euch zur Tafel umdreht, und in der Pause spucken sie euch mitten ins Gesicht. Doch halt, warum eigentlich den Umweg machen über zwanzig Jahre Versagerbiografie? Wie wäre es schon heute mit einem Casual Friday in der Hauptschule? Da bringt der Pädagoge seine Lieblingswaffen von zu Hause mit und zeigt den Rotzlöffeln mal, wo kein Rudolf Steiner den Most holt. Das macht zwar die Blagen nicht unbedingt besser, hält aber den Lehrer psychisch gesund, und das ist doch auch schon mal was.

Grundsätzlich überflüssig
Grundsatzprogramme

Da hocken sie wieder zusammen und beschäftigen sich mit der überflüssigsten aller politischen Tätigkeiten, dem Zusammenschustern von sogenannten Grundsatzprogrammen. Dabei ist dem Bürger das Grundsätzliche jeder Partei längst bekannt: Unfähigkeit auf hohem Versorgungsniveau. Dass sich ausgerechnet SPD und CDU, die seit Jahrzehnten das Land ruinieren, mit unserer Zukunft befassen, hat was Obszönes. Als Insasse dieser Republik kann man nur hoffen, dass die neuen Kampfschriften der Autosuggestion ebenso rasch in den Schubladen verschwinden wie ihre Vorgänger. Was soll der ganze Aufwand überhaupt? Hin und wieder müssen der Plakatklebertruppe an der Basis sogenannte „Inhalte" zum Fraß vorgeworfen werden. Die können sie dann zwei Jahre lang verdauen, wieder hochrülpsen, in Worthülsen abfüllen, und fertig ist das nächste Grundsatzpro-

Die Backpfeife
„Haben Sie eigentlich eine ansteckende Geschlechtskrankheit?", fragte ich neulich eine recht hübsche Person im Bus. Darauf verpasste sie mir eine deftige Backpfeife. Hätte ich erst minutenlang Süßholz raspeln sollen? Gilt es nicht zuerst einmal, die wirklich wichtigen Fragen zu klären, bevor man aufeinander zu geht?

gramm. Damit hat man den Idiotenverein eine Zeit lang außer Gefecht gesetzt. Deshalb enthalten die Diskussionspapiere ausschließlich Gelaber, von dem die Parteischranzen glauben, dass dem Ortsverein davon einer abgeht. In der SPD heißt die Wichsvorlage beispielsweise „vorsorgender Sozialstaat", gemeint ist die alte Mär von der Kuscheldiktatur. Um das Leben eines jeden Bürgers komplett unter Behördenkontrolle abzuwickeln, bedarf es zusätzlicher Mittel, will sagen Steuererhöhungen. Das schreckt den normalen Sozialdemokraten natürlich nicht, da er entweder selbst als Profiteur im öffentlichen Dienst beschäftigt ist oder sonst wo in der Staatsquote abhängt. Die CDU hat da andere Reizworte, obwohl es auch ihr ausschließlich um mehr frisches Blut für die Leiche geht. Beim christdemokratischen Grundsatzgeblubber will man es gerne über das Wiedererstarken alter Werte reißen: Familie, Leitkultur, Eigenverantwortung. Noch eine Prise Zuwanderung respektive Abschiebung dazu, ganz viel Bildung druntergerührt, und auch hier schlägt der Stammwähler die Hacken zusammen. Gemeinsam ist SPD und CDU, dass beide in kompletter Verkennung der Realität meinen, „der Staat müsse sich wieder mehr kümmern". Bitte, bitte nicht! Denn wo immer der Leviathan mit seinen Behörden bisher auftauchte, hinterließ er verbrannte Erde. Würde er sich fürs Erste zumindest aus Gesundheit, Arbeitsmarkt und Bildung verabschieden, wäre viel gewonnen. Aber ehe ein Parteiprogramm so etwas beschlösse, würde eine Frau Bundeskanzler – ach, is ja schon. So ruft der Fuchs auch weiter in den Kaninchenbau hinein: Lasst uns eine solidarische Gesellschaft sein.

Die Berberitze
Wer dächte da nicht an einen gemütlichen Puff in Marokko. Doch die Sprache bezeichnet damit einen dornigen Strauch, der als Zwischenwirt des Getreiderostpilzes traurige Berühmtheit erlangte. Ja, manchmal liegen das Gute und das Böse dicht beieinander. Da heißt es, auf der Hut sein.

Ungeziefer,
das sich selbst ausrottet

Die Planetenzecke

Die Erde erwärmt sich, doch mein Kühlschrank ist kaputt. Im Spannungsfeld zwischen weltweiter Katastrophe und häuslichem Nerv eiert das Individuum durch die moderne Zeit. Irgendwo trifft sich die lokale Gruppe der Globalisierungsgegner und wenn man fünfzig Cent mehr für den Kaffee zahlt, kann in Guatemala ein Campesino sein Kind zur Schule schicken. Auf jedem Einzelnen lastet die Bürde der ganzen Menschheit, doch im Hier und Jetzt ist der Kühlschrank kaputt. Repariert ihn der arbeitslose Handwerker schwarz, spare ich fünfzig Euro und leiste dem Sozialbetrug Vorschub. Kaufe ich einen neuen, kommt er gleich aus Polen und wird zum weiteren Sargnagel für den Standort Deutschland. Vom FCKW des alten ganz zu schweigen, das dem Eisbären die Polkappe unterm Hintern wegschmilzt. Dafür braucht der neue weniger Strom, und wenn wir uns alle einen neuen kauften, könnte man ein Atomkraftwerk abschalten. Jeder von uns kann die Welt retten jeden Tag, und zwar so oft, dass man zu gar nichts anderem mehr kommt. Ist der Fummel vom Textil-Discounter auch wirklich frei von Kinderarbeit? Kommt die Banane aus dem Land, in dem gefoltert wird? Und was soll eigentlich der Scheiß vom „nachwachsenden Tropenholz" – in Millionen Jahren oder wann? Allein das Wort „Verbraucher" für uns als Mensch macht uns zur Planetenzecke, die dem Wirtsgestirn das Leben aussaugt. Einmal den Passat Kombi angeworfen, und irgendwo auf der Welt fällt davon ein Vogel tot aus dem Baum. Nur die Made verleiht dem Leben noch einen Sinn, wenn sie sich am abgestorbenen Rest des Verbrauchers weidet.

Gleichgültig was wir außer Abkratzen sonst noch tun, es schadet, es schmutzt oder Arten sind gefährdet. Einmal zu viel ausgeatmet und ein Passivatmer im selben Raum wird davon in zwanzig Jahren Krebs bekommen. Zusehends wird es für uns Weltneurotiker schwerer, im Slalom zwischen Nachhaltigkeit, fairem Handel und CO_2-Emissionen zu bestehen. Der Schlichtgestrickte flüchtet sich ins Arschloch-Sein. Unvergessen sein Spruch aus den Achtzigern: „Mein Auto fährt auch ohne Wald", oder den Neunzigern: „Eure Armut kotzt mich an!" Was ist Arschlochs Lebensmotto in der Gegenwart? Neulich hab ich es gesehen, hinten auf einem Wohnmobil, säuberlich mit d-c-Fix-Buchstaben aufgeklebt: „Frührentner auf Weltreise." Ja, ich weiß, das braucht seine Zeit, um die darin enthaltene Ungeheuerlichkeit ganz zu verstehen. Los gehts!

Übel der Großstadt

Fremde ganz nah

Menschen hetzen aneinander vorbei, den Blick gesenkt, die Ellenbogen immer wieder auf das Packeis der anderen geschoben, um sie auseinanderzudrücken. In der Bewegung stellt sich beim Großstädter der psychische Ruhezustand ein, nur dann bleiben die vorbeiziehenden Fratzen der anderen flüchtige Chimären. Sobald der Strom aber ins Stocken gerät, vor den Ampeln, in der U-Bahn oder im Lift, brennen sich die blöden Visagen der Fremden in die Großhirnrinde ein. Tausende sinnloser Fressen registriert jeder Stadtbewohner an jedem Tag. Oft ist die halbe Stunde Bahnfahrt die intensivste Zeit, die der Städter mit anderen verbringt, ganze dreißig Minuten stummes Starren in fremde Gesichter. Wann hat er das letzte Mal seinen Ehepartner so lange angeschaut? Wann das letzte Mal so viel Zeit auf Tuchfühlung mit einer Frau verbracht wie während dieser Fahrt zum Hauptbahnhof? Der Fremde ganz nah! Menschen sind nicht geschaffen für diesen Widerspruch, der Homo sapiens orientiert sich an der Überschaubarkeit seiner Horde. Unbekannte Gesichter lösen automatisch eine Feindreaktion aus. Um nun aber nicht täglich einen ganzen U-Bahn-Waggon zu massakrieren, muss sich der zusammengepferchte Mensch die anderen zur bedeutungslosen Biomasse herunterrechnen. Grußlos aneinander vorbeihetzen ist die Daseinsform, um dieses Leben auszuhalten, Anonymität der Waffenstillstandsvertrag der Großstädter. Jeder, der diese stillschweigende Vereinbarung durchbricht, gefährdet das labile Gleichgewicht: Obdachlosenzeitungsverkäufer, bettelnde Musikanten und andere Ansprech-Aggressoren sind die Pest für den oszillierenden Organismus der anonymen Masse. Wollte man wirklich etwas gegen Rechtsradikale unternehmen, müsste man nur durch die U-Bahnen hopsen und das Horst-Wessel-Lied zur Klampfe tirilieren. Der Hass sämtlicher Fahrgäste wäre einem schon nach kurzer Zeit sicher. Ungefragtes auf die Pelle rücken verzeiht niemand aus der anonymen Masse. Umso erstaunlicher, dass immer noch Propangandisten für Feldhamster, Menschenrecht und Elektrosmog als Heckenschützen in den Fußgängerzonen lauern. Zu günstigerer Stund einem vorgestellt, brächte man womöglich Verständnis auf für deren Belange. Aber mal so eben einen Flyer vor den Bug geschlenzt und dabei die Moral bemüht, das stimmt den dahineilenden Passanten selten gnädig. Wären wir nicht so abgestumpft, wir zerschlügen ihm sofort das Nasenbein. So frage ich mich oft, welcher Todestrieb hat die Verdi-Demonstranten erfasst, dass sie allen anderen mit ihrem Scheiß ungefragt auf die Nerven gehen.

Nein, wie süß !
Ähnlichkeiten

Wer schon mal einen frischen Säugling von Nahem gesehen hat und dessen Blick nicht durch elterliche Verblendung getrübt ist, der weiß: Diese verschrumpelte Made ähnelt höchstens in der katholischen Moraltheologie einem Menschen, sonst aber nirgends. Umso mehr erstaunt es, wenn Anverwandte des Erzeuger-Duos in dem Schrumpelix die Gesichts-, wenn nicht gar Wesenszüge von Papa, Mama, Oma oder Onkel Otto zu erkennen glauben. „Diese keinen Zähne, Tante Lisbeth wie aus 'm Gesicht geschnitten", „Och guck mal, wie er sabbert, genau wie Onkel Fred im Siechenheim". Jajajaja und krumme Beine wie die Mama im Minirock, faltiger Pimmel wie der Vati in der Badewanne. Schlimmer als der Erkennungsdienst von Scotland Yard stürzt sich das Verwandtenpack auf den angespülten Nachwuchs. Natürlich ähnelt die bleiche Kotbombe kaum einem bekannten Säuger Mitteleuropas, doch die Behauptung der Ähnlichkeit ist aus zweierlei Gründen wichtig. Einmal bremst sie den Abstoßungsreflex der Alttiere, denn durch die Zivilisation geformte Erwachsene können in dieser quäkigen Frühgeburt eigentlich kaum einen Artgenossen erkennen und würden zum Beispiel lieber einen saufen gehen statt den Wurm zu päppeln. Deshalb erscheint die Sippe noch am Wochenbett, um durch Ähnlichkeitsbehauptungen den Krakeeler als einen der ihren zu installieren. Ließe man den dann vor sich hinvegetieren, hätte man ja im Grunde Onkel Otto symbolisch ein zweites Mal zu Grabe getragen. Ein anderer wichtiger Punkt im Lookalike-Ritual ist, dem Manne seine Vaterschaftszweifel auszuräumen. Dafür kennt er seine Gattin nur zu gut, als dass er ihr stets zutraute, ihm einen Bankert vom Nachbarn unterzuschieben. Den auch noch mit eigenem versteuerten Gelde hochzuziehen, dahin steht ihm nicht der Sinn. Wenn jetzt aber Onkel und Tanten ständig runterleiern, wie sehr doch die Made dem Papa aus dem Face gesäbelt ist, dann mildert das den Zweifel des Gehörnten, und am Ende glaubt er selbst, der kleine Fratz sei von ihm. So hat alles, was sich auch noch so bescheuert geriert im Land der Bekloppten letztlich einen Sinn. Wenn der kleine Fynn-Justin schon mit zwanzig also tatsächlich so aussieht wie Tante Lisbeth auf dem Sterbebett, dann soll keiner sagen, er hätte es nicht gewusst.

Nichts ist so, wie es scheint

Alles ist ganz anders

Genau, das haben wir uns immer schon gedacht, nichts ist so, wie es scheint, und ehe ich etwas tu, hole ich mir lieber noch eine zweite Meinung ein. Die Natur zum Beispiel, die muss man gar nicht erhalten, die ist nämlich scheiße und will uns umbringen. Auf der einen Seite liebreizt zwar die Gänseblum, an ihrer Spitz dräut allerdings schon der Zeck mit Borreliose und Hirnhautentzündung an Bord. Alles Gute und Schlechte an der Natur mal gegeneinander aufgerechnet bringt unterm Strich: 85%

von denen da draußen sind nicht unsere Freunde. Unter diesem Gesichtspunkt ist auch das Artensterben eher eine feine Sache, nur die richtigen müssen es halt sein. Dummerweise nimmt die Artenvielfalt sogar zu! Was? Durch den Klimawandel, der ist nämlich gar kein Killer, sondern im Gegensatz zur Natur insgesamt eine dolle Sache. Wenn es bei uns so warm wird wie in Afrika, gibt es hier genau wie da tausend verschiedene Spinnenarten und der Leguan läuft auf dem Scheißhaus rum. Da freuen wir uns doch auf den Klimawandel! Dreihundert Euro weniger Heizkosten hatten wir schon in diesem Winter, obwohl die Preise stiegen, die Biomasse insgesamt nimmt zu, also mehr happehappe pro Hektar. Und überhaupt ist der Mensch, sogar die blonde Nieselfresse unserer Breiten, vom Wesen her ein Tropenbewohner. Den Beweis liefert die Unterhose, denn dort ist es ständig 27° Grad warm, genau wie im Kongo morgens um halb zehn. Der Klimawandel ist ein prima Wandel, trotzdem muss er verhindert werden, wir dürfen also nicht so viel vom bösen CO_2 abhusten. Das funktioniert aber nicht durch erneuerbare Energien, wie wir bisher dachten, also Offshore-Propellerrädchen und Biofusel in den Hybridjapaner. Nix da, Atomkraftwerke sind die Umweltengel Nummer eins. Jahahaha! Die beste Ökobilanz und größte Ersparnis bei der CO_2-Emission garantieren die Uranmeiler in unserem Land. Und mal ganz ehrlich, niemand wird ja gezwungen, in deren Nähe Kinder aufzuziehen. Besser wäre es, er zöge sowieso gar keine auf. Denn im Gegensatz zur blitzsauberen Kernkraftknuddelenergie ist ein Kind die Klimakatastrophe schlechthin. Den Gegenwert von 630 Hin- und Rückflügen London/NewYork bläst so ein Giftzwerg jährlich an CO_2 in die Atmosphäre, vermeldet mit schreckensgeweiteten Zeilen die Sunday Times. Au backe, da ist jedes weitere Kind eine größere Hypothek für unsere Zukunft als ein Fässchen Plutonium. Das läuft zwar auch aus, aber immerhin unter Tage. Allerdings wie war das noch mal? Brauchten wir die kleinen Biester nicht für unsere Rente? Da werden wir uns wohl entscheiden müssen, was wir in Zukunft wollen, atmen oder Rente kriegen. Doch nichts ist so, wie es scheint, und ehe ich was tu, hole ich mir lieber noch eine zweite Meinung ein.

Schweigen Seit' an Seit'
Die Schönheit der Bücher

Information wird nicht durch ihren Inhalt gut und schön, sondern durch die Freiwilligkeit, ihrer teilhaftig zu werden. Ausnahme: Luftschutzsirene. Darum ist der ideale Infoträger das Buch. Nichts lässt sich besser ignorieren als der Schwartensalat, in dem alle Doofen dieser Welt ihre Gedanken beerdigt haben. Die alten vermodern in Bibliotheken, die neuen liegen stumm im Fenster des Buchhändlers, und nur deshalb können Menschen stolz von sich behaupten, noch nie ein Buch gelesen zu haben. Selbst wenn man die Wohnung mit ihnen teilt, drängen sie sich nicht auf. In keinem Medium, nicht eimal im Internet, ist so viel Müll deponiert worden wie im Buch. Seit fünfhundert Jahren fiedelt sich der Triebhafte seinen Mitteilungsdrang von der Feder, und niemand muss es zur Kenntnis nehmen: Buch zu, Affe tot!

In meiner eigenen Bibliothek weiß ich einen Schatz nie gelesener Schinken, an denen mein Blick genüsslich entlangfährt: Nie und nimmer wirst du Schrotts Sammelsurium auch nur eine Minute deines Lebens opfern. Da ruht die Autobiografie Heiner Lauterbachs friedlich neben dem noch eingeschweißten Peter Handke aus den Siebzigern. Wie die Schädelsammlung besiegter Feinde steht das Heer der ungelesenen Schwarten auf einem Ehrenplatz im Bücherschrank. Zuweilen überlege ich, ihnen einen besonders widerlichen Schrein zu zimmern, aus der weißen Phase der Billy-Forschung etwa. Dann wieder ordne ich sie nach Größe oder Farbe der Buchrücken, um sie noch mehr zu demütigen. Natürlich können die versammelten Buchstabensuppen nur stellvertretend sein für die Abermillionen ähnlich überflüssiger Machwerke. Aber allein das hier versammelte dreckige Dutzend reicht schon, mir täglich die Schönheit der Bücher vor Augen zu führen: Sie behalten ihre Weisheit für sich. Erst in dieser Zeit, da uns von allen Seiten die Spamsociety attackiert, ist das verschwiegene Buch zum wahren Freund des Menschen geworden, ungefragt hält es sein Maul. Selbst die Bibel, nach der Betriebsanleitung für den VW-Käfer das meistgedruckte Buch der Welt, wird wohl nicht annähernd so oft gelesen wie eine gewöhnliche Schwanzverlängerungs-E-Mail, die unverlangt auf unserem Rechner erscheint. Bücher sind tote Gedanken, die nur durch unsere Organspende wieder zum Leben erweckt werden können. Und die Leichen, denen wir unser Hirn nicht spenden mögen, bleiben weiter tot. Erst im Zeitalter des andauernden Info-Geklingels wissen wir das Schweigen der belämmerten Scharteken wirklich zu schätzen.

Die Giraffe

Die Giraffe, was hat sie doch für einen schönen langen Hals. Wie kurz hingegen ist der von Frau Kleptunat, die bei mir im Viertel die Zeitung austrägt. Doch eh wir vorschnell urteilen, muss zur Ehrenrettung unseres Schöpfers angeführt werden, dass Frau Kleptunat auch nicht die Blätter aus den Baumkronen rupft, sondern morgens um halb vier vom Zeitungsverlag abholt.

Die Kommode

Wie trügerisch sind doch oft die Worte. Um es einmal in der Sprache der einfachen Leute zu sagen: Im Vergleich zum Bett ist eine Kommode eigentlich scheißenunbequem.

Schwule, Neger und Frauen sind willkommen

Antidiskriminierung

Es gibt wieder einen Grund, das europäische Parlament mitsamt seiner Berliner Helfershelfer für gemeingefährliche Vollidioten zu halten. Das Monstrum aus deren Schoß nennt sich „Allgemeines Gleichbehandlungsgesetz" und macht Rechtsradikale, religiöse Ausrottungsfanatiker oder hinkende Selbstmordattentäterinnen endlich zu klageberechtigten Opfergruppen. In einer selbst für Politiker beeindruckenden Abfolge von Dilettantismus und Gutgemeintheit faulte sich dieses juristische Machwerk durch die Instanzen. Irgendwann war es im Berliner Kompromissbunker angelangt und erhielt den letzten Feinschliff an Wahnsinn.

So darf nun das gefühlte Opfer nicht nur für sich selbst klagen, sondern Betroffenen-Versteher-Vereine können ohne dessen Einverständnis alles und jeden in diesem Land mit Prozessen überziehen, Betriebe, Wohnungseigentümer, Gastronomen oder Bordellwirte. Dieses Gesetz ist Anwalts Liebling. Aber auch der Bürokrat hat seinen Spaß, denn es gibt eine niedliche kleine Bundesbehörde obendrauf, die den Irrsinn in Formulare gießt. Schön, dass sich auch dieses Land allmählich in ein Mullah-Regime verwandelt, in dem die obersten Anstandswächter den Insassen das Leben diktieren. Jeder halbwegs vernünftige Mensch weiß natürlich, wohin dieses Gesetzes-Monstrum führt: Es werden weder mehr noch weniger Menschen diskriminiert, sondern jeder Sozialkontakt wird zum Prozessrisiko. Lieber niemanden einstellen, keine Wohnung mehr vermieten und in öffentlich zugänglichen Gebäuden niemals „Frohe Weihnachten" wünschen, damit der Andersgläubige keinen Kulturschock kriegt. Immer mehr Menschen dieser Gesellschaft werden ungefragt auf die rote Liste bedrohter Minderheiten gesetzt. Nicht mehr lange und wir sind alle dort angelangt und können uns den lieben langen Tag gegenseitig verklagen, das wird ein Spaß! Den Betroffenheitsadel bilden noch ältere versehrte Migrantinnen mit alternativer sexueller Präferenz, Inhaber des vierfachen Opferkreuzes am Bande. Im Stillen wächst jedoch eine andere Minderheit heran: der Rest. Das sind jene, die null Punkte haben in diesem Gesellschaftsspiel. Vor deren Frust kann einem angst und bange werden. Oder wie es ein Gastwirt als Reaktion auf das Anti-Diskriminierungs-Gesetz in seinem Schaukasten formulierte: Schwule, Neger und Frauen sind bei uns willkommen!

Die Verkackten und die Toten

Museum Deutschland

Ein braunes Schild am Wegesrand, darauf „Nordhessisches Glasfasertapetenmuseum". Bravo, da kurbelt eine tapfere, kleine Gemeinde den Tourismus an und besetzt gekonnt eine Nische im bundesdeutschen Museumskataster! Was gar nicht so leicht ist, denn hierzulande gibt es zu jedem uninteressanten und zu Recht vergessenen, überwundenen oder banalen Vergangenheitsrelikt eine eigene Gedächtnisstätte. Glasbläser, Blaufärber, Videospengler, antike Kettensägen, Badezusätze der Romantik, mittelalterliche Minne von hinten: Alles und jedes hat einen

---

Die Sandale

Die Römer sind noch mit ihr in den Krieg gezogen – mit der Sandale. Bei uns umhüllt sie nur noch den verlebten Rentnerfuß. Wer weiß, vielleicht ereilt den Stahlhelm ein ähnliches Schicksal, und in zweitausend Jahren tragen ihn nur noch die alten Leute im Urlaub.

eigenen Tempel der Erhabenheit. Keine Kleinstadt, die nicht wenigstens ein aufgemotztes Heimatmuseum ihr Eigen nennt, in dem der gleiche Scheiß aufgebahrt wird wie in jedem Heimatmuseum, also Holzschuhe, gammelige Mistforken, ein alter Herd und eine Schaufensterpuppe, die aussieht wie Frau Holle auf dem Tuntenball.

Das normale deutsche Museum zerfällt in drei Grundmuster. Nummer eins: Die Leichenhalle, hier stehen die toten Dinge mit Schildern dran in schlecht geheizten Räumen herum. Besucher schleichen sich räuspernd in gespielter Ergriffenheit durch den Sperrmüll. Nummer zwei: Daddelhalle, dort drücken Halbwüchsige so lange auf Knöpfen herum, bis es blinkt oder trötet. In jedem Raum laufen mindestens drei Videos. Nummer drei: Museen, die in die Hände eines Museumspädagogen gefallen sind. Alle Exponate verschwinden hier hinter didaktischen Plexiglasscheiben mit irre langen Texten drauf, die keiner liest, der weiß, dass es Bücher gibt.

Eine eigene Form des Schwachsinns haben die Kunstmuseen entwickelt, sie dienen nicht nur der Präsentation geistesgeschichtlicher Kadaver, sondern wollen auch zeitgenössischen Schweinepriestern ein Forum sein. Wie jedwede Form der Staatskultur gerinnt auch dieses Bemühen zu einem verzweifelten Schrei nach Erlösung. In den letzten Jahrzehnten hat sich die museale Leichenstarre noch eines weiteren Objektes bemächtigt, der Industrie. Wo einst das Bruttosozialprodukt vor sich hin pulsierte, gähnen heute die Zechen, Gruben, Hütten, Walzwerke, Eisenbahn-, Uhren-, Auto-, Textil- oder Bergbaumuseen. Als Luderplätze der Globalisierung erinnern sie an eine Zeit, da in diesem Lande noch was lief. Wie viel Erinnerung an verblichenen Glanz verträgt wohl ein Land, bevor es in Gänze depressiv wird.

Stiller Tod unterm Papierschiffchen

Arbeit und Menschenwürde

Ist Lohnarbeit mit der Menschenwürde vereinbar? Millionen Sozialschleicher, Frührentner und Ewigstudenten haben die Antwort bereits gefunden: Nein. Und recht haben sie. Wer allerdings den Versuchungen der Konsumgesellschaft erlegen ist oder schlichtweg ein paar Gören hochzupäppeln hat, dem bleibt nichts anderes übrig. Er muss zum Beispiel den ganzen Tag ein saublödes Papierschiffchen tragen und vor der Schicht das Firmenliedchen trällern. Wenn er Pech hat, hängt auch noch seine Fresse als Mitarbeiter des Monats da, wo alle seine Freunde es sehen können.

Lohnarbeit war früher gerne gesundheitsschädlich, auch schon mal mies bezahlt, doch die Ästhetik blieb immerhin gewahrt: „Stahlarbeiter am Hochofenabstich" hieß die Wichsvorlage des sozialistischen Realismus in der Malerei. Kaum vorstellbar, dass jemandem einer abginge bei dem Motiv „Bulettenbräter am MacDrive-Schalter". Die Poesie ist der einfachen Lohnarbeit abhanden gekommen. Auch wenn dem Kumpel unter Tage die Staublunge abpfiff, so musste er immerhin nicht fünfhundertmal pro Tag dämliche Konsumratten im Baumarkt fragen, ob sie eine Payback-Karte haben. Arbeit verlieh dem Menschen Ansehen und Würde, auch wenn sie im Grunde der letzte Dreck war. Heute müssen die Mitarbeiter einer Bausparkasse zu den Spießer-Aktionswochen in Doppelripp-Schlüpfern hinterm Schalter stehen, damit die Identity der Kampagne auch vertikal kommuniziert wird. Dem Verursacher dieses Schwachsinns

www.spd-sulingen.de

*Showtruck der deutschen Sozialdemokratie, entworfen von einem
niedersächsischen Ortsverein für Kurt Becks Wahlkampfreise.*

würde man stattdessen lieber einen heißen Föhn rektal kommunizieren. Doch Mitarbeiter sind heute Teil des Markenauftritts und werden genauso designt wie Shop-Ausstattung und Außenwerbung. Okay, als müffelnder Fettarsch mit unbehandelten Eiterekzemen im Gesicht hatte man bei Douglas schon immer wenig Chancen auf Festanstellung, doch heute wird nicht nur dort verlangt, sich gemäß der Firmenphilosophie auf eigene Kosten zu verschandeln. Der Kurier-Serbe muss den bunten Arbeitsfummel selber löhnen, der Pizzabote sogar seinen Privatwagen mit Werbegefasel für die Mafiatorte zukleistern: „Hui, hier ist Pizza-Penis – Wir kommen schneller als du denkst." Lohnarbeit heißt heute, sich neben der eigentlichen Tätigkeit auch noch zum Affen machen zu müssen. „Kennen Sie schon unsere attraktive Volltrottel-Abo-Card mit dem Pay-Now-Deliver-Later-Bonussystem? Nein! Dann füllen Sie doch bitte dieses achtseitige Vorteilsformular in Sechs-Punkt-Frakturschrift aus." Wer diesen Idiotensatz Hunderte Male am Tag sagen muss, dazu die lustige „Volltrottel-Aktionswochen-Papiermütze" trägt, dem muss man einfach einen Amoklauf mit mehreren Toten pro Berufsjahr nachsehen.

Die Macht der Bekloppten
Umfragen

„Möchten Sie ewig leben?" Darauf antworteten 73 % der Westdeutschen, doch nur 48 % der Ostdeutschen mit „JA". Was will uns dieses Stimmungsbarometer sagen? Das keine Frage noch so dämlich ist, als dass sie nicht der Öffentlichkeit präsentiert werden könnte. Des Volkes Meinung wird fast stündlich abgemolken, und daran orientiert sich dummerweise auch noch das Entscheiderpack. Besonders zu Fragen, die intellektuell oft weit jenseits des Hauptschulabschlusses angesiedelt sind, quasselt die Krampe vom Meinungsforschungsinstitut Blödköppe in der Fußi-Zone an: „Sind Sie für die Stammzellenforschung, gegen geklonte Meerschweinchen, leiden Sie unter dem Elektrosmog ihres Vibrators oder wie finden Sie Angela Merkel diese Woche? Zu keiner dieser Fragen hat sich der kalt erwischte Primat je länger als zwei Minuten Gedanken gemacht, geschweige denn ein Argument geprüft. Trotzdem blubbert die Biomasse irgendetwas vor sich hin, was der Meinungsjäger sofort in seine Kästchen krickelt. Am anderen Tag dann wissen wir schon, dass der repräsentative Querschnittsgelähmte, also der, bei dem sich oberhalb des Halses nix mehr rührt, zu über 90 % zum Beispiel gegen das Klonen von Angela Merkel ist. Siehst du wohl, so beliebt ist die nämlich auch nun wieder nicht. Ohne Frage lässt sich durch diese Methode jedes Ergebnis erzielen, mit Frage auch dessen Gegenteil zugleich. Es ist eine Marotte der Medien-Demokratie am frühen Abend ihrer Existenz, kaum dass ein politischer Furz in die Welt gefahren, ihn auch schon per Umfrage valuieren zu lassen. Manchmal schreckt das Ergebnis die Arschgeige, weiterhin der öffentlichen Flatulenz zu frönen, meist aber wird jeder halbwegs vernünftige Vorschlag durch den Pöbeltest garrottiert. Passt einem politischen Gegner die ganze Richtung nicht, dann lässt er den Mob von der Kette und dessen Meinung einholen. Längst sind wir so von einer repräsentativen Demokratie zu einer politischen Schnellfickergemeinschaft geworden. Schnell jedoch nur darin, die Vernunft im Brei des mal eben so Dahingemeinten zu begraben. Noch

---

Die Telekom

„Der fernmündliche Verkehr kam vollständig zum Erliegen", titelte jüngst eine Tageszeitung. Bedauerlicherweise trog die Hoffnung, im weiteren Verlauf des Artikels deftige Details über Telefonsex zu erfahren. Ohne Schweinkram, liebe Freunde, verkauft sich heute nicht einmal mehr die Presseerklärung der Telekom.

haben sich die Umfragevollernter das ein oder andere Tabu auferlegt. Was aber, wenn sie erst fragen, ob die Damen und Herren Meinungslasser zum Beispiel für die Todesstrafe sind oder gegen die Gleichberechtigung des Mannes? Buckelt dann die Politikerkaste auch sofort vorm sogenannten Souverän? Ich will es nicht hoffen.

Hexenbesen über der Auslegeware

Staubsauger

Seitdem der Mensch nicht mehr open air sein Dasein fristet sondern überdacht dem Tod entgegenstrebt, hat er den Haushalt an den Hacken. Wie herrlich pflegeleicht war der im Wald abgeseilte Schiss im Vergleich zur modernen Wohnung, für deren Reinigung eine ganze Batterie ätzender Chemikalien und Geräte bevorratet und angewendet werden will. Den größten Nervenarsch haben wir uns durch die Behaustheit allerdings mit dem Staubsauger eingehandelt. Schon im inaktiven Zustand lässt sich die einköpfige Hydra nur von geschulten Bändigern von einem Ort zum anderen bewegen. Ist erst der Motor angeworfen, entfaltet das Mistgerät seine ganze Ekelhaftigkeit. Ohne auch nur ein Staubkorn aufgesogen zu haben, stinkt es schon wie ein Dutzend eingeweichter Langhaarteckel. Das emittierte Geräusch ist der Free Jazz unter den Motorklängen, wie auf den eigenen Nervensaiten von Folter-Facharbeitern geschrammelt. Gerät das Reptil dann in Aktion, wartet es mit noch mehr kakophonen Klängen auf, denn es poltert gegen Möbelstücke, Fußleisten und Bodenvasen. Wenn es dabei wenigstens seinem eigentlichen Daseinszweck unterwürfig zu Diensten wäre, aber nichts da! Zigmal muss das fusselige Bürstenmaul über dieselbe Teppichfliese gerubbelt werden, um einen ungefähren Eindruck von Sauberkeit zu erzeugen. Der Kenner hat im Vorgriff auf diesen Übelstand zu langfloriger Auslegeware gegriffen. Bei der verpissen sich Staub und Milbenkot an die Faserwurzeln, und mit dem Heulmonster müssen lediglich beeindruckende Spuren auf dem Teppichboden gezogen werden. Bei allen anderen Böden heißt es hin- und her zu schubbern, bis man vor Krach und Gestank einfach nur die Schnauze voll hat. Nach jeder dritten Prozedur hat sich der inne liegende Beutel auf unerklärliche Weise gefüllt und will ausgetauscht werden. Beim Ablösen der Einwegpappe vom Ansaugstutzen atmet man so viel Dreck ein, dass man auch gleich einen Raum mit der nassen Zunge hätte entstauben können. Auch gestankmäßig legt der Kollege noch mal eine Schippe drauf. Ist man endlich fertig mit der Bodenpflege, muss noch das Kabel eingerollt werden. Früher wurde es einfach an zwei Haken um den Korpus geschlungen, heute soll ein Federaufzug die Strippe automatisch in den Body wickeln. Spätestens nach einer Handvoll Anwendungen wickelt da drinnen niemand mehr, und man darf das Restkabel irgendwie um das glattflächige Gerät friemeln. Da ja jetzt keine Haken mehr dran sind, löst es sich sofort, verknotet sich mit dem Saugrüssel und beides schlingt sich schlussendlich so lange um die Stelzen des Anwenders, bis die ganze Laokoon-Gruppe auf die Fliesen klatscht. Ganz toll, diese vielen Geräte, die die Arbeit im Haushalt erleichtern. Doch wie viel weniger Mühe noch machte es seiner Zeit, einfach in den Wald zu scheißen.

Die Zecke

Eine Zecke verfing sich jüngst im dichten Haarkleid meines Autoschonbezuges, der zum Auslüften im Garten hing.
Für mich war es ein Trost, dass es auch im Reich der Kerbtiere so etwas wie Unprofessionalität gibt.

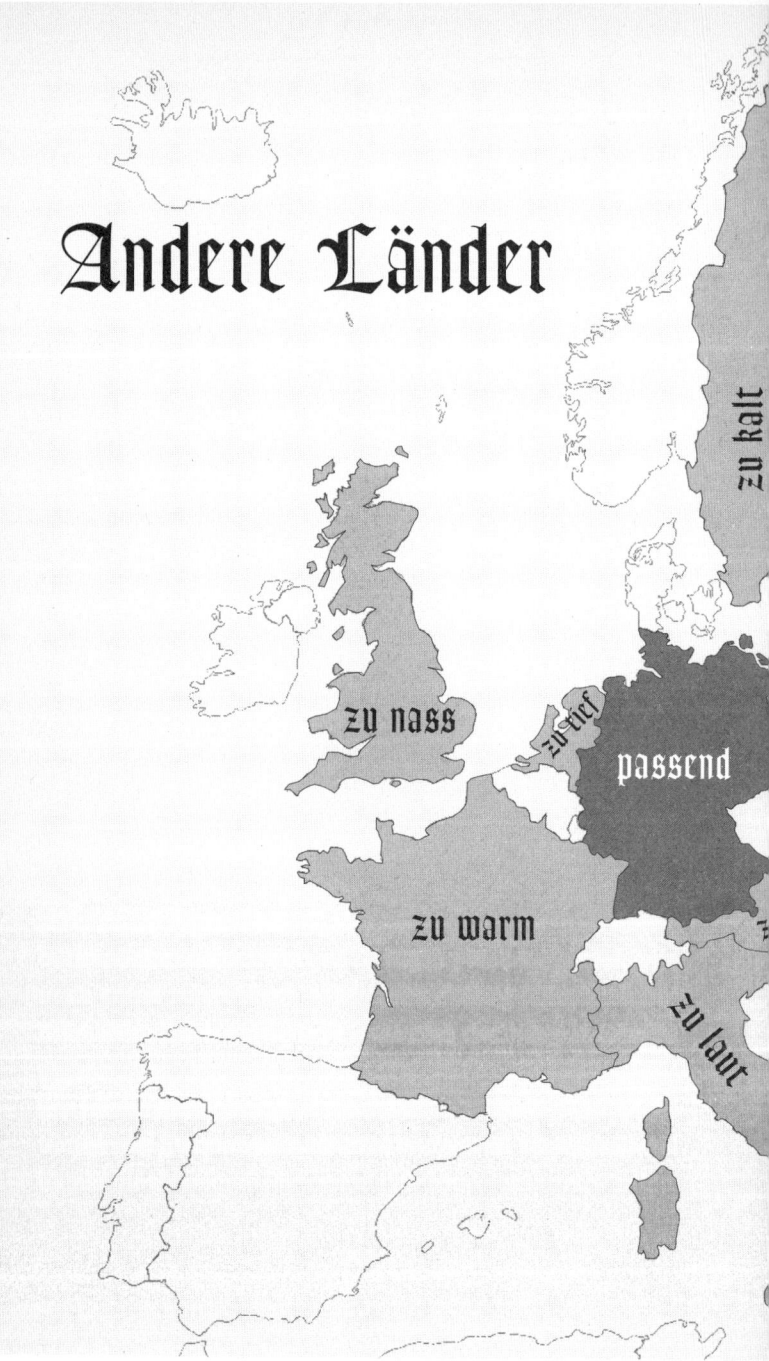

Andere Länder

zu kalt

zu nass

zu tief

passend

zu warm

zu laut

andere Sitten

zu nah

ein

zu staubig

Der Engländer

Die Nordsee war jahrhundertelang der größte Freund des Mitteleuropäers, denn sie hielt den Tommy auf Distanz. Wenn er schon mal ein Schiff bestieg, so konnte er auch gleich den langen Törn hinlegen und den Neger oder Inder ausrauben. Die größte Seeräuberkolonie der Geschichte wird bewohnt von einem Menschenschlag, der, sofern männlich, aus blasierten Klemmschwulen besteht und, sofern neutral, aus hässlichen Stelzvögeln mit blau gefrorenen Beinen. Das, was zivilisierte Völker unter einer Frau verstehen, gibt es dort überhaupt nicht, und was es dort gibt, ginge in Italien nicht einmal als Mann durch. Die Inselwesen fressen Fisch aus alten Zeitungen, saufen schales Bier und sind neidisch auf die Deutschen, weil die den Nationalsozialismus erfunden haben. Um etwas von dieser faszinierenden Welt des cholerischen Schwachsinns nachzuholen, sind ihre Zeitungen voller Hakenkreuze und Blitzkrieggeschichten. Zur weiteren Volksbelustigung halten sich die Inselmenschen eine durchfaulte Familie aus pferdegesichtigen Moorhuhnfickern, genannt die Royals. Deren Leben ist so verstrahlt, dass kein Drehbuchautor der Welt es sich hätte ausdenken können. Dereinst träumte sich der Prinzregent als Tampon in den Muttermund eines hochaufgeschossenen Rottweilers hinein, darauf muss man erst mal kommen. Richtig stolz ist der Brite auf seinen Humor, man darf über alles lachen auf der Insel, wenn zumindest ein Toter darin vorkommt. Niedergang und Verwesung sind die alltäglichen Freuden der Leute mit den roten Haaren. Seit einem halben Jahrhundert müssen sie erleben, wie sich das einst so stolze Empire in ein Drittweltland ohne Sonne verwandelt. Nicht einmal mehr genug Sprit hat man, um die ferne Schwarzhaut oder den gelben Mann auszunehmen, deshalb unterhält der Tommy einen Kolonial-Erlebnispark in Nordirland. Hier wird noch richtig mit scharfer Munition geballert wie einst am Kap oder am Ganges. Und eigentlich ist es ja auch egal, ob ein Bantu oder ein Kathole den Löffel abgibt, Hauptsache, er wird waidmännisch korrekt erlegt. Die Jagd nämlich ist der Upper-Class schönstes Pläsir, da verfolgt man mit einer ganzen Kavallerie-Schwadron ein einziges Füchslein oder knallt aufgescheuchte Hühner ab. Weil es aber nicht genug Füchse und Moorhühner gibt auf dem kargen Eiland, muss der Tommy ab und zu in irgendeinen Krieg ziehen, damit die Lower-Class auch was vor die Flinte kriegt: Falkland, Balkan, Afghanistan oder der Irak – die Mohrenjäger haben immer ihren Spaß. Doch eines, das fuchst den Tommy ganz gewaltig: Drüben auf der anderen Seite der ekeligen Nordsee lebt ein Volk von Doofköppen, das ihnen nicht nur die durchgeknallten Windsors eingebrockt hat, sondern auch noch einen BMW-Motor in den Rolls-Royce. Nun ist aber Schluss, demnächst werden sie wohl uns überfallen, rein historisch gesehen wären sie mal dran.

Mitbringsel aus England

Hunger · Durst
Ekel · Erleichterung
Hakenkreuz-T-Shirt
Tasse mit Hitlerbild

Der Franzmann

Im Westen, wo's nix Neues gibt, lebt seit Caesars Zeiten der Franzmann. Von keinem seiner Nachbarn hat der Deutsche ein so klares Bild vor Augen wie vom Erbfeind und Erzfreund jenseits des Oberrheins. Den Weibsen stellt er nach, obwohl doch im Hauptberuf Schwuler und Friseur. Schon am frühen Morgen haut er sich den Rotwein in den Schlund, fährt breit wie eine Natter mit klapprigem R4 ins Bistro und frühstückt erst mal einen Pastis und 'ne gelbe Gitane. Arbeiten tut er gar nicht, der Gallier, stattdessen geht er lieber demonstrieren. Was das Essen anbetrifft, ist er eine richtige Sau, dem Lurchi schneidet er die Stelzen ab, die Schnecke lutscht er aus ihrem Haus und den Käse frisst er erst, wenn er nach toter Oma riecht. Mittags zwischen 10 Uhr und 17 Uhr tut der Franzmann nix, dann ist Pause in der Grande Nation. In Unterhemden sitzen die zwergwüchsigen Männer dann draußen in den Cafés und lauschen den Gesängen des vorbeirauschenden Schwerlastverkehrs. Den zu ertragen erleichtert die zweite Pulle Pastis des Tages. Ab fünf am Nachmittag trotten der Franzmann und seine Franzfrau in die Boulangerie und kaufen klafterweise fades Weißbrot. Nach Einbruch der Dunkelheit stippen sie damit das Leichenwasser ihres Schneckenfraßes aus den Tellern. Die Nacht dient mitnichten dem Schlafe, denn ausgeruht ist der Franzos schon den ganzen Tag. Im Schutze der Dunkelheit macht er Liebe à la française – eine Körperöffnung ist ihm wie die andere, und durch die dünnen Wände der winzigen Altbaulöcher, in denen er haust, hört man das oh, la, la, l'amour bis auf den Boulevard hinaus. Lichtscheu und feige ist er der Franzos, verliert im

Grunde jeden Krieg gegen wen auch immer, Vietnam, Algerien und sogar gegen Deutschland, hält sich selber aber jedes Mal für den Sieger. An der Front steht darum auch nicht der Frauenversteher mit der Baskenmütz sondern die Légion étrangère mit den Képis Blancs. Franzosenland reicht von der Côte bis zum Atlantikwall, doch Paris herrscht bis ins kleinste département hinein. Es ist die Hauptstadt nicht nur vom Franzosenreich, sondern auch von der Liebe. Louis XIV, Robespierre, de Sade – allesamt Söhne dieser Stadt, deren Liebreiz sich schließlich auch ein anderer großer Menschenfreund nicht entziehen konnte, als er am 23. Juni 1940 mit ein paar hunderttausend Sicherheitsbeamten der Stadt der Liebe einen Besuch abstattete und nicht zerstören ließ. Merci, Monsieur le Führer!

Mitbringsel aus Frankreich

Gonorrhoe · Syphilis
Salmonellen · Fußpilz
Chlamydien
Beule im Auto

Der Grieche

Was zum Beispiel macht eigentlich der Grieche den ganzen Tag? Seitdem vor gut 2000 Jahren der Weltgeist in Hellas die Biege machte, hinterließ er ein Land mit dem Charme einer Kiesgrube, dessen Bewohner dennoch lustig drauf sind. Mopsfidel springen Zorbas und seine Kumpel am Strand herum und hüpfen den Sirtaki. Der Grieche wäre mithin ein recht angenehmer Schöpfungskollege, hätten nicht die Verwegensten unter ihnen vor Jahrzehnten den Plan gefasst, den Rest der Welt mit ihren Kochkünsten zu malträtieren. Was waren die Wikinger, was die Mongolen doch für harmlose Besuchergruppen gegen den Ansturm der Griechen auf unsere Zivilisation. In einem grandiosen Missverständnis der türkischen Küche, rühren Pannaiotis und seine Schergen einen Schlangenfraß zusammen, der weltweit seinesgleichen sucht. Da wird junger Weißwein mit einer Art Holzschutzmittel verlängert, Gehacktes in Motoröl geschwenkt und jede Form von Schwein am offenen Feuer zu Brikettfetzen gekokelt. Als Zugeständnis an mitteleuropäische Gaumen gibt es zu jedem Magenbrecher eine Schaufel Industriefritten. Was aber treibt den Kunden zu Charon und seinen Brüdern? Es ist die schiere Masse des Dargereichten und sein verheißungsvoller Name. So besteht die omnipräsente Ouzoplatte nicht nur aus mehrerlei Sorten Kokelschwein nebst Frittenfuder, sondern, wie der Name schon verspricht, zusätzlich aus dem nachgeschobenen Anis-Gesöff. Ein veritabler Marketingtrick! Hat man doch nach dem mörderischen Geschmack der Alkseife schon wieder vergessen, welche Verheerungen die zuvor verabfolgte Schwartenkohle im Magen angerichtet hat. So stiefelt man gut gelaunt nach Hause ob des günstigen Preis-Leistungs-Verhältnisses griechischer Küche und merkt erst am nächsten Morgen, auf welch fatale Weise die eigene Lebenserwartung schon wieder geschmälert wurde. Erstaunlich auch am Griechen ist die Tatsache, wie sich ein ganzes Volk fanatisch auf die Tätigkeit stürzt, von der es am wenigsten versteht. In jeder deutschen Kleinstadt gibt es mindestens zehn Akropolis-, Olympia- oder Hades-Restaurants, und jede zweite Dorfkneipe hat Costa in ein griechisches Öl- und Fritten-Parthenon verwandelt. In anderen Branchen hält sich der Kollege von der Ägäis aber seltsam bedeckt. Nur die Familien Niarchos und Onassis versuchten einst als Tankerkönige ihr Glück, haben vermutlich mittlerweile aber auch längst wieder einen Gasthof „Zur Eiche bei Aristoteles" eröffnet. Wo auch sonst lässt sich dieses heimelige Ambiente aus Gipsfiguren und Touristikplakaten so überzeugend ausleben? Und wenn dann noch der jaulende Balkantechno aus den Lautsprechern quäkt, dann haben wir gelernt, dass „geformter Stuhl" auf griechisch Bifteki heißt. Gutos Appetitos!

Mitbringsel aus Griechenland

Einen schwulen Freund
Verbrannte Glatze · Magendurchbruch
Fotos mit deutschen Lehrern am Strand
Schafskäse von Allgäuer Kühen
Die gleiche Infektion wie im Vorjahr

Der Holländer

Links oben, wo Europa allmählich unter der Wasseroberfläche verschwindet, hat sich Frau Antje ein paar Quadratkilometer Schlamm aufgepoldert. Obwohl die Gegend kaum groß genug ist für seine eigenen Dackelgaragen, in denen er rumhängt, hat der Holländer noch haufenweise Schweine, Hühner und Puten bei sich wohnen. Die produzieren die Gülle, mit denen der Käsekopp uns die Äcker verpestet. Wässrige Tomaten, labbrige Kiwis, tote Schlangengurken – in seinen Glashausfabriken produziert der Holländer mehr biologische Waffen als Saddam in seinen besten Tagen. Sogar den hochkomplizierten Fußball hat der staksige Westfriese gelernt, um uns Deutsche bei gelegentlichen Weltmeisterschaften eins überzubraten oder anzuspucken. Ja, warum überfallen wir die nicht einfach, fragt man sich da, so schwer kann das doch nicht sein. Ist schon passiert, hat auch nix geholfen, ihn im Gegenteil nur noch mehr gereizt.

Wer auf die Tomatenköder nicht reinfällt, für den hat der Holländer gleich hinter der Grenze Drogendepots angelegt, aus denen sich die deutsche Jugend bedient, um sich den Brägen wegzupusten.

Einmal pro Jahr überfallen die berittenen Truppen des Niederländers das Sauerland. In ihren Anhängern transportieren die Camping-Invasoren ausschließlich leergefressene Raviolidosen. Die schmeißen sie auf deutschen Rastplätzen in die Mülleimer, damit das eigene Zwergenreich schön sauber bleibt. Und weil sein Scheiß-Holland einfach zu winzig ist für große Lkw, fährt er zum Wenden immer bis nach Polen rein, unterwegs durch Deutschland am liebsten zu dritt nebeneinander auf der A2. So ist Jan Käsekopp immer unterwegs irgendwo in Europa, und sein Sumpfgebiet ist nur noch nicht abgesoffen, weil nie alle gleichzeitig zu Hause sind.

Mitbringsel aus Holland

Schwarzer Afghane
White Widow · Ice-O-Later
Versalzene Lakritz
Hakenkreuz Graffiti auf dem Auto
Unbekannte Infektion

Der Italiener

Nur ein Land gibt es in Europa, das der Deutsche liebt, das ist Italien. Gut tausendfünfhundert Jahre lang sind wir dort nicht mehr wirklich einmarschiert, und so hegt auch der Italiener gegenüber dem Deutschen, wenn auch nicht tiefe Zuneigung, so doch Bewunderung. Gegensätze müssen sich wohl anziehen, denn eigentlich ist für den Ordnungsgermanen das Land jenseits der Alpen der reinste Horror. Ragazzi kommen schon korrupt auf die Welt, das Finanzamt unterhält eine eigene Eingreiftruppe, die Straßen sind voller Müll, die Städte voller Lärm – und dauernd wird man von Motorrollern aus erschossen.

Die Italienerinnen sind die umgekehrten Schmetterlinge unter den Frauen Europas. Als junges Ding strahlende Schönheiten, und kaum ist die dreißig erreicht, wird aus dem Schillebold eine fette gefräßige Raupe mit Oberlippenbart namens Mammm-mmmmmma. Die hockt den ganzen Tag in ihrem Bau, hängt nasse Riesenschlüpfer über der Straße auf und kocht Pasta. Die Rüden unterdessen stenzen auf der Piazza herum, schlürfen Kaffee aus Fingerhüten und pfeifen dem aufgebrezelten Geflügel nach. Ist darunter selten genug eine donna bionda, schießt dem kompletten Verein der Saft in die Eier. Stockentenerpel sind asexuelle Lustverächter gegen italienische Männer. Wobei auch hier, so darf vermutet werden, das Maul größer ist als die Lanze, zumal proportional zur Körpergröße drunten im Mezzogiorno des Leibes keine Riesenüberraschung lauern dürfte. Sei's drum, das Leben nennt der Italiener trotzdem „la dolce vita" und weiß gar nicht, wie wir uns damit abmühen. Seine Kriegsflagge ist „Weißer Adler auf weißem Grund", und erfunden hat er nichts außer Garibaldi, den Schnellkochtopf – so spottet man in Nieselheim über Enrico und seine Freunde. Der Welt schenkten sie die Pizza, Schuhe aus Beton, Stracciatella-Eis, Moto Guzzi, Gucci, Venedig und unserem Führer einen Kollegen, mit dem er sich auch mal unterhalten konnte. Und wenn selbst der dort Freunde fand, müsste es allen andern Deutschen auch gelingen. Ob Adria-Camper, Toskana-Fraktion oder mit dem Setrabus nach Canossa – ganz Germania pilgert gern und oft in ein Land, dem man unterstellt, mehr vom Leben zu verstehen als man selbst. Die Landschaft, die Kultur, das Essen – alles ist viel besser als bei uns. Trotzdem leben weitaus mehr Italiener in Deutschland als umgekehrt. Und da überlegt selbst der italophile Pädagogikprof, irgendwo muss da doch ein Haken sein an dem Land, sonst wären wir doch sicher schon mal richtig einmarschiert.

Mitbringsel aus Italien

Strafmandate
Keine Handtasche · Keine Brieftasche
Nur noch eine Niere
Krankenhausrechnung
Hüftsteckschuß

Der Österreicher

Wenig ist einem so zuwider wie das, was einem ähnlich ist. Darum hasst der Holländer den Deutschen, und weil wir nicht, ach, wie langweilig, einfach zurückhassen wollen, haben wir uns den Ösi als Zielscheibe ausgesucht.

Das deutschsprachige Murmeltier dient von alters her dem Reich als Witzfigur. Hervorgegangen aus einem römischen Lager für unheilbare Geschlechtskrankheiten, haben im Laufe der Jahrhunderte alle durchreisenden Völker ihre Verwachsenen und Debilen im österreichischen Genpool entsorgt. Ein Volk von Versagern, Pinschern und öligen Schleimern ist das Resultat. Jahrhundertelang betrachtete sich der Ösi als zum Deutschen Reich gehörig, erst Bismarck gelang es, die Brut auf den Balkan zurückzujagen, dort, wo sie hingehören.

Die berühmtesten Österreicher aller Zeiten sind Mozart und Sissi, beide kommen aus Deutschland. (Mozart aus dem damals bayrischen Salzburg, Elisabeth aus München.) Der berühmteste Deutsche aller Zeiten ist Adolf Hitler, der kommt aus Österreich. Noch Fragen? Seit eh und je versucht der alpenländische Schmierlappen, uns sein übelstes Gelichter aufs Auge zu drücken. Neben dem GröFaZ bestand noch die Hälfte der höchsten Nazi-Säcke aus Österreichern, nicht wenig übel in Erinnerung ist uns die Ösi-Combo Opus mit ihrem Grölschlager „Life is Life".

Da Ötzis Enkel sich auf wenig mehr verstehen als Sachertorte und Tafelspitz, leben sie von Überfällen auf Durchreisende. Die einträglichsten sind Autobahn-Maut und Skiurlaub. Beim letzteren werden harmlose Reichsdeutsche unter falschen Schnee-

versprechungen in ein abgeriegeltes Alpental gelockt und aus-
genommen. Dazu bedient man sich eines harmlos klingenden
Gesöffs namens Jagertee, das in Wahrheit aus hochprozentigem
Fusel besteht. Obwohl dort ausgenommen bis aufs letzte Hemd,
ist Ösiland des Deutschen liebstes Urlaubsziel. Hier kann er bestaunen, was aus uns geworden wäre, wenn Uroma sichs vom
Ziegenbock hätte besorgen lassen: eine dumpfbräsige Horde
selbstverliebter Nasskämmer, die Österreich tatsächlich für eine
Nation halten und nicht für das, was es ist: ein furzgemütliches
Balkannest mit teilweise deutschsprachigen Ortsschildern. Da
wundert es dann wieder nicht, dass ein europäisch denkender
Mann wie Hitler in diesem Land auf Dauer keine Perspektive
sah.

Mitbringsel aus Österreich

Depressionen · Selbstmord-Broschüren
Locke von Adolf Hitler (Original)
Nässendes After-Furunkel
Hundertwasser-Allergie
Codewort vom Schwarzgeldkonto

Der Pole

Der Deutsche nimmt ihn nicht so richtig ernst, den östlichen Nachbarn. Warum nicht gleich Russe, warum erst dieser Übergangszustand? So richtig wohl fühlt sich auch der Pole nicht in seiner Pufferzone zwischen den beiden bösen Buben Michel und Iwan. Könnte er es sich noch einmal aussuchen, würde er wohl sein Land ganz woanders aufmachen, am ehesten dort, wo er sich ohnehin aufhält, zum Beispiel im Ruhrgebiet, entlang der großen Autobahnen im Westen oder in Teppichbodencentern. Wenn es draußen wärmer wird, lebt der Pole auf Spargel- und Erdbeerfeldern. Warum weiß man nicht, denn eigentlich lebt er mehr von Wurst. In der kalten Jahreszeit zieht es auch den Polen unters Obdach fester Häuser. Da sitzt er jedoch nicht herum und guckt Fernsehen wie andere Europäer, sondern tapeziert so vor sich hin. Damit die Räume nicht fortlaufend kleiner werden durch immer neue Tapetenschichten, wechselt der Pole spätestens alle vierzehn Tage den Bau. Dabei betet er zur Schwarzen Madonna aus Tschenstochau, der Beschützerin aller Schwarzarbeiter.

Das zweite nationale Heiligtum des Polen ist die Anhängerkupplung. Wenn ein junger Mann heranreift, überreichen ihm Paten und Großeltern feierlich eine mistneue Anhängerkupplung. Diese ist Versprechen und Aufforderung zugleich, hinaus in die Welt zu reisen. Tag für Tag schlägt der Jungpole das blanke Stück Metall aus dem samtenen Tuch. Endlich nach Jahren der große Tag, der Führerschein ist geschafft, ein Auto steht vor der Tür. Mutter verdrückt eine Träne in ihrer Kittelschürze, als der kleine Zbigniew seinen metallenen Phallus an den klapprigen Fiat Ducato schraubt, denn nun ist er ein richtiger polnischer Mann. Noch ein hastiges Winken und schon rauscht er gen Frankfurt/Oder. Unterwegs wird rasch ein Zentralachshänger angekuppelt und heißa gehts auf Beutezug gen Westen. Früher wurden dort der Einfachheit halber die Autos geklaut. Nach und nach sprach es sich doch herum, dass Autodiebstahl anders als in Polen im Westen nicht erlaubt ist. Darum kauft man heute lieber dort für wenig Geld Schrottautos, pinselt sie unterwegs glitzernd an und verschiebt sie an die Doofköppe weiter östlich. Immer sitzen mindestens sechs Männer in den Doppelkabinen der Transporter, auch wenn es einer getan hätte, um ein Schrottauto aus Deutschland zu holen. Doch die Frauen geben ihren Männern stets so viel Knoblauchwurst mit auf die Reise, dass einer sie alleine unmöglich schaffen könnte. Deshalb lädt er seine Freunde ein, und die kommen gern, denn es gibt ja Wurst und viel zu gucken aus dem Fenster von dem Transporter. So blicken sie zu uns herüber, wenn wir sie auf den Autobahnen überholen, freundliche Menschen mit sich im Reinen – denn sie haben ja genug Wurst dabei.

Mitbringsel aus Polen

Waldpilze vom Straßenrand
Polyacryl-Basics · Günstige Zähne
Fescher Haarschnitt
Zollneutrale Rauchwaren
Das eigene Auto

Der Schwede

Er ist der Erfinder des gleichnamigen Trunkes, ersonnen im Dreißigjährigen Krieg als Cocktail mit dem Hauptbestandteil Rinderpisse. Die Zutaten haben sich geändert, die Vorliebe ist geblieben, auch heute ist der Schwede wie alle germanischen Völker sehr aufs Saufen bedacht. Aber nicht diese halbschwul, mädchenhafte Weinverköstigung wie bei den Romanen, nein, richtiges SAUFEN. Blöderweise ist der Alk bei Onkel Gustav und Königin Sylvia schweineteuer oder verwässert. Will der Schwede also mal selbst seinen Elchtest versemmeln, muss er eine Deutschland-Fähre erklimmen und sich dort ins Nirwana schießen.

Die ganze Misere dieses Landes wird einem klar, wenn man sich deutlich macht, dass für den Schweden Dänemark schon Süden ist. Bei ihm zu Haus geht im September das Licht aus und erst im Mai wieder an, dafür Ende Juni gar nicht aus. Um nicht komplett depressiv zu werden, denkt er sich ab und zu einen versauten Namen für ein IKEA-Möbel aus: Gutvik, das Sofa, hihihi.

Als Beitrag zur internationalen Küche lieferte der Schwede einst die Edelstahlspüle. Seine Leckereien stoßen im Ausland auf weniger Gegenliebe: Sürströming etwa, exhumierte Heringsleichen, CSI-Goldfischteich oder so – das gibt der Pathologe seiner Familie. Kommt der Wind aus Norden, beschleunigt der Gestank noch jenseits der Ostsee die Entvölkerung von Mecklenburg-Vorpommern. Ist er auch beim Essen ein rechtes Ferkel, so nimmt man eines dem Schweden unbesehen ab, er zieht sich jeden Tag eine frische geblümte Unterhose an. Leider klingt seine Exportmusik auch genauso: Abba oder Roxette, das ist Persil in unseren Ohren. Gerade der berühmte Schwede ist bekannt für seine masochistische Lust, ganz viel Steuern zu zahlen. Dauernd liest man von elchigen Promis, wie ihnen ständig einer abgeht, wenn sie 70 % ihrer Einkünfte ins Sozi-Gehege pumpen. Hier sind die Grenzen der Vorstellbarkeit für den normalen Staatsverdrossenen jenseits des Baltischen Meeres erreicht.

Zu erwähnen bleibt noch die Schwedin, blond, gertenschlank, langbeinig und auf eine unterkühlte Art unanständig, so will es uns die Pornoindustrie seit den Siebzigern weismachen. Wer nun aber davon irregeleitet zum Knattern über den Öresund schippert, sieht sich mit zwei Problemen konfrontiert: Erstens stimmt das gar nicht, denn die Schwedin ist mannshoch, aus italienischer Sicht gar eine Riesin, recht stämmig und trägt eine Fellmütze. Und zweitens, riemig ist sie dank niedriger Jahresdurchschnittstemperatur eher weniger, zumal auch noch der günstige Alkohol als Schenkelöffner komplett entfällt. So trollt sich der leicht enttäuschte Mitteleuropäer zur Professionellen und muss hernach feststellen, dass Puffbesuche im Land der stinkenden Fische strafbar sind. Da fragt man sich am Ende, was den alten Wikinger noch da oben hält. Es ist rattenkalt, der Alk unerschwinglich, das Finanzamt zieht einem die Hose aus und wenn mans selber tut, kommt man in den Bau.

Mitbringsel aus Schweden

Original Preisschild einer Bierflasche
Elch-Marmelade
Papageitaucher-Wurst
Lappen-Frikassee · Buckelvolvos
ABBA-Fischkonserven

Wertloser Beifang im Netz

Web Zwei Punkt Null

Ich warte auf den Augenblick, da mir auch an der Fleischtheke nur noch „user generated content" angeboten wird, nämlich Kundenkotze im Portionsschälchen. Nichts anderes offeriert das Web zwei Punkt null und gilt trotzdem als kulturelle Offenbarung, die unser aller Leben verändern wird. Vermutlich in Richtung: Scheiße fressen und glauben es sei Schokopudding. Was sich dort alles einen abbloggert und gegenseitig zuchattet, zeigt dem zufälligen Netzstromer wieder einmal, dass nicht jeder, der einen Kopf trägt, auch darin content generated. In der antiken Medienlandschaft kannte man den nutzergenerierten Inhalt vor allem als Leserbrief. Jede Zeitung unterhält ein Gräberfeld für die intellektuellen Totgeburten ihrer Kunden. In heiterer Abscheu streift der Blick des Abonnenten über so viel Unsinn und ist immer wieder erleichtert, dass nur ein winziger Teil seiner Zeitungsseiten mit den Meinungen der Arschmaden und ihrer Freunde zugepoldert wird. Genau deshalb stehen sie ja auch dort, denn damit sagt der Chefredakteur seinen Lesern: Schaut her, was für blöde Schweine es gibt, dagegen ist der Rest im Käseblatt doch Gold.

Nun stelle man sich aber eine Zeitung vor, in der ausschließlich Herr und Frau Krüppelbrägen mit dem Riesen-Ego ihr Gesülze abkotzen – und schon ist man in der modernen Welt des Web zwei Punkt null angelangt. Wenn die Doofköppe wenigstens wie im Leserbrief gezwungen wären, ihren Hirnausfluss durch die Grammatik zu seihen. Ach was, es reicht doch auch ein Video-Clip mit dem Handy ritscheratsche aufgenommen, und schon schauen sich anderthalb Millionen Menschen in aller

---

Die tote Frau

Mein Nachbar gestand mir eines Sonntags, dass er gerade seine Frau erdrosselt habe. Ob ich ihm nicht helfen könne, den Leichnam in die Biotonne zu stopfen. Ein hehres Ansinnen fürwahr, aber glauben Sie ja nicht, dass das mal so eben hopplahopp getan ist.

Welt an, wie Opa bei der Rüsselwäsche durch den Pflegedienst noch mal 'nen Ständer kriegt. Das ist nicht nur schweinelustig sondern auch richtig relevant, und weil man Opas Gesicht auch noch sehr gut erkennt, ist er zwei Wochen lang dank MyVideo der Lattenpräsi im Altersheim. So macht content generaten richtig Laune, man muss nicht groß das Aggregat zwischen den Ohren anwerfen und erreicht mit einem Medienfurz mehr Leute als Rilke mit seiner Gesamtausgabe. Der Blogger bloggt eine Seite nach der anderen voll, der Chatter chattet debil vor sich hin, und die Nachrichtenreste von gestern fegt der Praktikant für den Podcast zusammen. So formulieren wir denn das erste Gesetz der Sermon-Dynamik über den Wärmetod im Web zwei Punkt null: Die Zugangsschwelle eines Mediums ist in ihrer Höhe umgekehrt proportional zur Wertigkeit seines Inhalts. Oder für unsere Freunde aus dem Volleyball-Leistungskurs: Wer lang hat, lässt lang hängen oder ... mir doch egal, google dir doch selber einen.

Es fällt ein deutsches Monument

Der Ladenschluss

Der Untergang des christlichen Abendlandes beginnt dort, wo der Deutsche machen kann, was er will und vor allem wann. Nur wenn man das Zeitfenster für Lust und Laster streng formatiert, ist die primitive Bestie überhaupt im Zaume zu halten. Vor gut zwanzig Jahren begann das Fernsehprogramm erst um 17 Uhr,

Man mag es kaum glauben, aber immer mal wieder klingeln ältere Männer an der Tür und fragen nach entsprechenden Prothesen.

damit die Jugend statt vor der Braunschen Röhre zu verblöden den Körper in der freien Natur stählte. Und spätestens um null Uhr war alles vorbei. In der Nacht trieb das Testbild gepaart mit nervigem Tausend-Hertz-Ton noch den härtesten TV-Junkie in die Federn. Und was hatten wir davon? Vollbeschäftigung, Jugend forscht und die SPD war noch eine Volkspartei.

Heute kann man schon morgens Telenovelas glotzen und die ganze Nacht auf großvolumige Titten starren. Die Folge? Der adipöse Prekarier säuft sich das Hirn auf Walnussgröße runter, und die schwabbelige Jugend übt am Egoshooter den Massenmord im Klassenzimmer. So ist das, wenn dem Deutschen keine Grenzen gesetzt werden. Eine der letzten ist gefallen, die Nachtruhe vorm Konsum wurde geschleift. Rund um die Uhr darf die Bestie ihren primitiven Gelüsten nach Beutemachen im Warenstrom nachgehen. Nicht der Muselmane steht vor den Toren Wiens, um das Abendland zu vernichten, sondern das goldene Kalb wird direkt ins Herz unserer Städte getrieben. Nicht auszudenken, was jetzt passiert, da man auch nachts um drei noch Kartoffelchips überall kaufen kann. Frisst der haltlose Germane jetzt noch mehr, saufen sich ganze Städte zu Tode, wenn nicht für ein paar Nachtstunden der Nachschub unterbrochen wird? Die Aufhebung des Ladenschlusses wird unserer christlich geprägten Gesellschaft den Todesstoß versetzen. Allein den Katholiken freuts, durfte er doch ohnehin nur zum Behufe der Welpenproduktion nächtens seiner Gattin aufreiten. Jetzt kann er endlich auch im Mondenschein nicht nur an sich selbst ein paar Besorgungen machen und somit wenn nicht seinem Gott, so doch der Binnenkonjunktur gefällig sein. Und da haben wir auch schon den Widerspruch, denn einerseits wollen die Hüter der Moral nicht, dass der Teutone vollends verlottert und auch noch nachts bei Lidl in den Trögen wühlt, anderseits tun sie aber auch beleidigt, wenn trotz Ladenöffnungszeit bis über den Jüngsten Tag hinaus, die Binnennachfrage nicht explodiert und Abertausende Arbeitsplätzchen den Advent versüßen. Was denn nun? Man weiß gar nicht mehr, was richtig ist als Deutscher, der sich wie immer nach dem Führer sehnt, wenn auch diesmal nur durch die entfesselte Warenwelt.

Verbalkritik ohne Wirkung
Prangern und Rüffeln

Das politische Geschehen im Land der Doofköppe kennt zwei Ausdrucksformen, die so in keiner Verfassung vorgesehen sind: Prangern und Rüffeln. Der Bundesrechnungshof rüffelt turnusgemäß die Verschwendungssucht der Regierung, Verbände jeglicher Couleur prangern dauernd irgendetwas an. Der Reiz des Prangerns und Rüffelns liegt in seiner Folgenlosigkeit. Gegen das Prassen mit Steuergeldern kann man sich 'n Wolf prangern, und gerüffelt wurde auch schon von der Abschiebepolitik bis zur Stammzellenfoschung alles, was nicht bei drei in der Schublade verschwindet. Klassische Rüffelvereine sind zum Beispiel die Gewerkschaften, da vergeht keine Woche, in der nicht ein ordentlicher Stapel Widrigkeiten runtergerüffelt wird. Zu vermuten ist, dass in der DGB-Zentrale ganze Rotten von Rüffelschweinen die Tagespolitik nach fetter Beute durchwühlen. Geprangert wird eher von moralisch selbstverliebten Organisationen. Der Hunger in der Welt eignet sich gut zum Beprangern, die angebliche Kinderfeindlichkeit der Gesellschaft oder dass es immer noch Krieg

Die Zukunft
„*Was wird uns die Zukunft wohl bringen?*", *fragen wir uns manchmal voll ängstlicher Ungewissheit. Dabei wissen wir ganz genau, dass sie uns nichts bringt, sondern nur etwas holt: die linke Brust, den Hoden, einen der Lieben oder gar uns selbst. Was lügen wir uns doch immer einen in die Tasche. Ist es nicht so?*

104

gibt irgendwo. Der Anprangerer ist dabei immer auf der sicheren Seite: moralisch 1a aufgestellt, ohne dass man ihn dafür in die Vorschlagspflicht nehmen könnte. Da lässt sich lustig was weg-prangern pro Tag, und wenn der Versender prominent genug ist, wird es auch noch abgedruckt. Der Papst könnte sogar die vor-eheliche Geschlechtsreife anprangern, eine fette Zeile wäre es wohl allemal wert. Beim Rüffeln muss man schon konkreter werden. Die Rückkehr zur 38,351-Stunden-Woche im öffentlichen Dienst ließe sich schön berüffeln. Denn das ist dem Rüffeln im Gegen-satz zum Prangern eigen, es fehlt die moralische Rigorosität, im Gegenteil, es geschieht sogar mit einem Augenzwinkern. Eigent-lich, rüffelt der Rüffler, geht das nicht, was ihr da macht, aber scheiß der Hund drauf, hahaha. Denn so funktioniert Deutsch-land, die Missstände bleiben so, wie sie sind, gerade deshalb, weil sie gerüffelt werden. Der Rüffel ist Ersatz für die ausbleibende Lösung. Wenn bei uns die Scheiße aber richtig am Dampfen ist, dann ist Schluss mit Rüffeln, dann wird aber angeprangert bis die Heide wackelt. Aber Hallo, dann nageln wir die ganze Republik an den Schandpfahl und verpissen uns durch die Hintertür.

Darüber schweigt man besser
Leere Behindertenparkplätze

„Du, Mutti", fragt die kleine Leonie, „warum sind die Parkplätze mit dem Rollstuhlzeichen drauf eigentlich immer leer?" Das hat Mutti zwar auch gerade gedacht, als sie zum dritten Mal mit dem Mini-Van vorm Bahnhof herumkurvte, sich aber natürlich laut nie zu fragen getraut. Während sein Kollege, der Frauenparkplatz, längst respektlos von allen nur denkbaren Geschlechtern genutzt wird, hat sich die Behindertenbucht ihre Unberührtheit weitgehend bewahrt. Auch und gerade der Behinderte selbst scheint das ihm zugestandene Parkprivileg nicht recht annehmen zu wollen, denn die Plätze sind tatsächlich immer verwaist. Was will uns also der Staat mit diesem offenkundigen Missverhältnis von Bedarf und Angebot sagen? Handelt es sich hierbei um die Bundesparkraumreserve für einen zukünftigen Verteidigungsfall mit zahlreichen Versehrten? Oder noch unwahrscheinlicher, der Wohlstand unter den Geschädigten nimmt dermaßen zu, dass mit anschwellender Motorisierung zu rechnen ist. Mein unterstelltes Lieblingsmotiv ist das am allerunwahrscheinlichste: Mit den leeren Behindertenparkplätzen will uns der Staat jeden Tag ein positives Gefühl mit auf den Weg geben, seht her, ihr Nörgler und Jammerlappen, schon wieder vier Plätze frei, auf denen statistisch gesehen jetzt ein Gehandicapter parken müsste. So schlecht geht es uns doch gar nicht und so gefährlich ist vor allem der Autoverkehr überhaupt nicht. Doch statt sich täglich daran zu freuen, dass der Parkplatz nur so strotzt von Gehfähigen, ihr Anteil sogar fast ausschließlich die 100% erreicht, ist der deutsche Autofahrer heimlich geladen, wenn er hoffnungsfroh auf die leere Lücke zustößt, nur um im letzten Augenblick das Tabu-Piktogramm zu entdecken. Und wer muss es wieder ausbaden? Die Frauenbucht, an der sich die aufgestaute Parkwut des Deutschen entlädt. Damit ist sowohl seiner latenten Anarchie Zucker in den Arsch geblasen als auch das Abstellproblem für den Pkw gelöst. Dumm ist es nur, wenn weder Frauenstellfläche noch Zwergkoniferenrabatte illegal beparkt werden können – dann frisst der Verschmähte seinen Groll in sich rein und zieht von dannen. Denn eines darf man auf keinen Fall bei uns laut denken: „Du, Mutti, warum sind die Parkplätze mit dem Rollstuhlzeichen drauf eigentlich immer leer?"

Drunter geht es nicht

Das Menschheitsproblem

Waldsterben war vorgestern, Feinstaub ist Kinderkacke für Innenstädte, jetzt holen wir den ganz großen Hammer raus: das Menschheitsproblem. Dass es sich bei der dämlichen Menschheit um ein Problem handelt, wussten wir zwar auch schon gestern, doch nun endlich kennen wir die Lösung: Die 6,3 Milliarden Blödköppe grillen sich selbst vom Planeten runter. Zickezacke CO_2 und schon schwillt dem Ozean der Wellenkamm. Rostock, Bremen, Bangladesch – alles weg! Da heißt es zusammenrücken auf dem Festlandsockel. Doch auch dort is nix mehr so wie unter Helmut Kohl. Wilde Wetter peitschen durch das Land, hinterlassen Überschwemmungen, Windbruch oder Dürre je nach Laune der Natur. Die Erde ist voll im Arsch, und zwar endgültig. Nix geht mehr, selbst wenn wir noch heute die Standby-Schaltung unseres Fernsehgerätes deaktivieren, kackt das Gestirn ab. Das Schöne daran: Juchhu, man kann nix machen und deshalb genauso weiterleben wie bisher. Das Doofe aber: Die Spannung ist raus, und ein heldenhafter Tod ists fürwahr auch nicht, vom schlechten Wetter umgenietet zu werden. Wie hinweggeblasen von dem Menschheitsproblem Klimawandel aber sind alle anderen Sorgen, zum Beispiel die Atombomben des Iran, der Terror von Al Kaida, die Rückkehr zur 38,5-Stunden-Woche bei Akten-Lurchi und seinen Freunden. Jetzt, da Gewissheit herrscht über unser aller unausweichlich Schicksal, müssen wir die Welt auch nicht mehr an unsere Kinder vererben – wir hauen sie einfach auf 'n Kopp. Bevor es der Chinese tut, tanken wir noch einmal den Oberklasse-SUV bis zur Halskrause voll, und Atomkraftwerke brauchen wir auch nicht mehr abzuschalten, das machen die ganz von allein, wenn der Kühlwasserfluss ausgetrocknet ist. In Deutschland wird es im Wesentlichen warm, das Pils schmeckt schon im Februar draußen auf der Terrasse, sie könnten so schön gemütlich werden die letzten Tage des Planeten. Wenn nicht dauernd die Politiker herumnerven würden mit ihrer Menschheitsherausforderung. Lasst uns doch wenigstens in Ruhe den Abgang machen und freuen, dass die Rente mit 67 zumindest für die Jüngeren unter uns eine äußerst theoretische Bedrohung bleibt.

Fremde sprechen dich an

Neue Freundlichkeit

Neue deutsche Freundlichkeit! Wo einem sonst die Tiefdruckvisage eines germanischen Ladenschwengels entgegenmuffelte, schleimt heute die Thekenkraft ein „Schönes Wochenende" über die Tilsiter-Auslegeware. Ab Mittwoch heißt der Schleimwurf „Schöne Restwoche noch", ab fünfzehn Uhr „Schönen Feierabend" und bereits am frühen Morgen trifft einen der schöngewünschte Tag ins Kreuz, kaum dass man der Käsetheke den Rücken kehrt.

Interessanterweise korreliert die Freundlichkeitsattacke mit einem gewissen Gehaltsniveau des Personals. Verdient es richtig wenig, verharrt der pH-Wert der Laune wie zementiert im sauren Bereich. Genauso sieht es aus bei Gutverdienern auf sicheren Arbeitsplätzen, dem Weltkulturerbe deutscher Muffeligkeit fühlt sich der Behördenwurm auf besondere Weise verpflichtet. In der freien Wildbahn der Wertschöpfung hat sich das Reich

---

Eisen
Jeden Morgen wenn ich aufstehe, nehm ich ein Eisenpräparat zu mir, Nicht dass es mir daran mangelte, aber Vitamine nimmt doch jeder Hans und Franz.

der Nieselfressen allerdings in einen Grinsestandort erster Güte verwandelt. „Sind Sie zufrieden?", „Darf es noch was sein", „Ist es so recht?" – dauernd springt heute im Restaurant der Fraß-Logistiker aus dem Ambiente und unterbricht das Gespräch der Erwachsenen, widerlich! Nach vollzogener Einverleibung der Schmurgel-Pampe darf man auch nicht mehr sofort die Fressbude verlassen, nein, da soll auch noch ein Fragebogen ausgefüllt werden. „Hat ihnen der Achselgeruch unserer Servicekräfte zugesagt?" Ankreuzen zwischen 1 und 6 oder eigene Bemerkung: „Die fette Pubertätswachtel stank wie 'n heißgefickter Zweitaktmotor." „Ihre Meinung ist gefragt, damit wir noch besser werden können zum Wohle des Kunden. Gewinnen Sie gerne einen lila Renault Twingo oder einen Schnellkochtopf." Arschlecken! Ihr wollt doch nur an meine Adresse mit eurem Rangeschleime. Allzu dünn ist die fragile Freundlichkeit, darunter droht immer noch die nackte Gier, den Doofen die Penunzen abzunehmen. Der Kampf um die verbliebene Kaufkraft der Teutonen wird mit den Waffen einer Frau ausgetragen. Schon gibt es kaum noch Läden ohne Wickelräume, bald können alleinerziehende Puffbesucher ihre Brut im Kinderparadies abgeben, die Kundenfreundlichkeit kennt keine Grenzen. „Schöne Restlebezeit", wünscht zuletzt der Sargdiscounter beim Hinausgehen.

Darf man nicht, Folge 104
Rauchverbot

Raser, Raucher, Reichensteuer: Jedes Jahr braucht seinen Sündenbock, auf den sich stellvertretend für alles, was man doch nicht ändern kann, der gesellschaftliche Hass konzentriert. Jetzt hat es den Raucher erwischt. Flankiert durch Anweisungen aus Brüssel soll nun auch den deutschen Schloten die Glut ausgeblasen werden. Emittieren doch die ganz normalen Zigarettenquarzer fast so viel Feinstaub wie ein katholischer Gottesdienst im Vollwichs von Weihrauch und Kerzenschein. Während aber ein Passivkatholik das Gesundheitsrisiko demütig ertragen muss, ist dem Kneipenpersonal das nicht zuzumuten. Wie wäre es denn dann mit Einstellungsstopp für Nichtraucher im Gastrogewerbe? Da sind dann die Quarzer unter sich und können sich einen zweiten Hauptfahrstreifen durch die Lunge asphaltieren. Halt, greift bei dieser Stellenausschreibung dann das neue Allgemeine Gleichstellungsgesetz oder gehört Nichtrauchen weder zu den ethnischen, weltanschaulichen oder geschlechtlichen Abarten, die man nicht benachteiligen darf? Jetzt hab ichs: Nichtrauchen ist eine sexuelle Präferenz und gehört deshalb in den Katalog. Denn wer sich nach dem Akt keine Fluppe ansteckt und den Aschenbecher lässig im Busen der Geliebten platziert, der hat noch nie im Kino gesehen, wie man vögelt nach Gutsherrenart. Das ist übrigens weiterhin erlaubt, solange es in keinem öffentlichen Gebäude stattfindet. Tut es das aber, so ist unklar, ob die Delinquenten wegen Erregung öffentlichen Ärgernisses oder Rauchens angeklagt werden. Richtig interessant wird es, wenn ein nackter Schwuler rauchend in einer Gaststätte zu einer willigen Frau sagt: Dich fick ich nicht! Zu den bekannten Delikten gesellt sich dann nämlich noch die Diskriminierung eines Mitbürgers, in diesem Fall einer Mitbürgerin aufgrund ihres Geschlechts. Sollte es sich bei der Frau zusätzlich um eine NPD-Anhängerin mit afrikanischem Migrationshintergrund handeln, so ist der Diskriminierungs-Hattrick geglückt, und

---

Fenster

Immer noch bauen die Leute Fenster in ihre Häuser ein. Dabei weiß die Kriminalpolizei seit langem, dass Einbrecher hauptsächlich diesen Weg wählen. Es ist wie mit dem Rauchen, die Menschen wollen nicht vernünftig werden.

als Sahnehäubchen verklagt das Multi-Opfer den Raucher noch auf Schadensersatz. Gar nicht vorzustellen vermag ich mir, was mit einem rauchenden Kampfhundbesitzer passiert, der mit 0,5 Promille und überhöhter Geschwindigkeit in eine Gaststätte rast. Wenn er die Nichtraucherecke trifft, ist er reif.

Muss das denn sein

Linkstanker

Ohne nachzudenken sich vom eignen Arsch durchs Leben treiben lassen, das ist des Deutschen schönstes Pläsir. Egal ob es anderen auf die Nüsse geht, was man so gerade treibt, oder ob sich gar mit wenig Aufwand eine Alternative fände, die des Nächsten Nüsse schonend sich in Szene setzen ließe – der Arsch regiert das Tun, zum Beispiel links tanken. An jeder Strecke, gleich wo in unserem schönen Autofahrerland, gibt es ausreichend Tankstellen auf der linken wie auch auf der rechten Seite. Das hat der Schöpfer extra so eingerichtet, damit man ohne den nachfolgenden Verkehr aufzuhalten immer auf seiner Fahrbahnseite eine Tankmöglichkeit vorfindet. Kurz rechts blinken, und schwuppdiwupp hält man auch schon den Rüssel mit dem Wüstennektar in der Hand. Soweit die graue Theorie. Täglich begegnen uns aber Menschen, die auf der linken Seite ihrem Sprit-Ergänzungstriebe nachgehen. Da wird forsch mitten im dichtgedrängten Verkehr der Fahrtrichtungsanzeiger auf links gesetzt, nur um weit jenseits der Gegenfahrbahn den Mitsubischof aufzusaften. Selbstredend gibt es hier keine Abbiegespur, und so staut sich fröhlich der gesamte Feierabendverkehr hinter dem Linkstanker-Arschloch. Nun fragen wir uns als rücksichtsvolle Mitmenschen, was treibt den Teuto-Pavian zu jenem soziophoben Tun? Nein, es ist nicht die Markentreue, die ihn nur das blaue Benzin tanken lässt, nein, es sind auch nicht die drei Zehntel Cent weniger, die ihn zur preiswerteren Säule nach links ziehen. Es sind nicht mal die Pupsi-Punkte, die dort winken und für die man, so man derer 5000 hat, eine aufblasbare Riesenmuschi am Tresen abholen darf. Es ist alles noch viel schlimmer. Linkstanker sind einfach intellektuell nicht in der Lage, von ihrem Handeln so weit zu abstrahieren, dass sie dessen Auswirkungen auf andere voraussehen könnten. Will sagen, diese dämlichen Arschgeigen denken sich einfach gar nichts dabei, auf der linken Straßenseite zu tanken. Da kann man sich nur freuen, dass wenigstens auf den Autobahnen dank Mittelleitplanke den Doofköppen Einhalt geboten wird.

Für Doofe verboten
Radfahren im Park

Ein Kurpark in Deutschland, vor dem Eingang eine Tafel, auf der geschrieben steht: „Vernünftige Menschen fahren hier nicht mit dem Rad, allen anderen ist es verboten." Sieh an, welchem Kommunikations-Designer hat man denn da ins Hirn geschissen? Spontan sehnt man sich nach dem Liebreiz der altdeutschen Ansprache: „Achtung, Schusswaffengebrauch!" Doch im Huddelknuddel-Land der Schorlesäufer wird nicht mehr geschossen, nicht mal mit Worten. Hier versucht man an das Gute, Einsichtige im Menschen zu appellieren statt ihm zu drohen. Da kotz ich doch

Eva-Hermans-Denkmal bei Detmold: In kurzem Rock, auf ein Bügel-brett gestützt, das große Küchenmesser zum Gruß erhoben.

gleich. „Achtung, Schusswaffengebrauch" ist eine Ansprache, wie sie eines Erwachsenen würdig ist. Das neumodische Gewinsel erinnert an die Eiteitei-Sprache junger Mütter und Kindergärtnerinnen: „Vernünftige Menschen fahren hier nicht mit dem Rad." Was ist mit vernünftigen Braunbären, müssen die auch absteigen? Und was hätte Immanuel Kant dazu in der Kritik der radelnden Vernunft formuliert. „Fahre stets so mit dem Rad, dass die Maxime deines Radfahrens zur Grundlage eines allgemeingültigen Verbotsschildes werden kann." Zu seinem Glück gab es im Königsberg Immanuel Kants weder Fahrräder noch einen Kurpark. Rein philosophisch betrachtet muss man sich doch fragen, wieso die vernünftigen Menschen überhaupt auf der Schlaumeiertafel angesprochen werden, wenn sie sowieso nicht mit dem Fahrrad durch den verschissenen Kurpark öddeln. Achtung, Fehlinterpretation! Vernünftige Menschen radeln nämlich sehr wohl in den Grünanlagen herum, und Freund Schlaumeiertafel will denen nun ein schlechtes Gewissen reinwürgen. Wobei die Gleichsetzung von Parkradeln mit Unvernunft typisch neudeutsche Meinungsmache der Schorlesäufer ist. Alles was nur einen winzigen Hauch anarchischer Energie verströmt, wird moralisch stigmatisiert: Mit 35 km/h durch die Innenstadt wird man zum „Raser", der deutsche Alltag ist voller Sünder, Rüpel, Rowdys, Muffel und Stinker, sobald dem staatlichen Reglementierungswahn ein Quäntchen Freiheit abgetrotzt wird. Da der Mensch aber nun mal so ist und sich nicht gern auf Schritt und Tritt drangsalieren lässt, provoziert jedes Verbot auch sein Gegenteil. Nie wäre ich auf den Gedanken gekommen, mit dem Rad durch den pissigen kleinen Kurpark zu strampeln. Seitdem ich die Verbotstafel kenne, macht es mir sogar Freude. So kann ich jedem zeigen, dass ich darauf scheiße, zu den vernünftigen Menschen von Stadtverwaltungs Gnaden zu gehören.

Probleme mit dem Premium-Müll

Bücher entsorgen

Autoreifen, Elektrogeräte, Hartplastik, Leichtverpackungen, Spanplatten und Altbatterien, für jeden Müll gibt es in Sauberland eine politisch korrekte Entsorgungsweise. Nur den geistigen Müll zwischen Buchdeckeln muss man anscheinend sein Leben lang von einer Umzugskiste in die nächste packen. Es gibt keine ethisch akzeptierte Form der Bücherverschrottung. Umweltgerecht wäre ja die Verbrennung, hätte sie nicht den üblen Geruch des Rechtsradikalen. Wobei diese Assoziation dem Gutmensch-Voodoo entstammt. Bloß weil ich mit den zerlesenen Luchterhand-Schwarten von SS-Günni aus Danzig den Kaminofen beschicke, heißt das noch lange nicht, dass ich dem alten Rechthaber-Sack ans Leder oder gar seine Werke verbieten will. Nä, ich will nur nicht mehr jedes Buch, bloß weil es ein Buch ist, aufbewahren müssen.

„Wie helfe ich mir selbst – Der Renault 4". Darf man so was wenigstens ins Altpapier werfen? Wo fängt das Sanktuarium des Buches an? „Einführung in die Analerotik 2". Wegwerfen oder behalten? Ist es vielleicht nur die Literatur im engeren Sinne, die den Schutz der Unverbrennbarkeit und Nichtwegschmeißbarkeit genießt, greift da der Voodoo-Glaube? Wenn ich einen Schinken, auf dem Hera Lind draufsteht in die Tonne werfe, habe ich dann auch ein Stück von ihr entsorgt? Schön wärs! In Büchern wird mindestens so viel Schwachsinn verbreitet wie im Fernsehen, dennoch umflort das Buch an sich eine Aura des Geistigen – als hätts der alte Gutenberg noch selbst gedruckt.

Was ist übrigens mit der Bibel, darf man eine völlig zerfledderte und zerlesene Ausgabe in den Ofen schmeißen, um sich eine neue zu kaufen? Hier zuckt die theologische Grundwertekommission: eigentlich recht löblich und gottgefällig, dass eine Bibel überhaupt den Zustand der Zerlesenheit erreicht in unsren Zeiten, und noch 'ne Prise löblicher, sich nach Verbrauch der ersten eine neue zu besorgen. Aber darf man Gottes Wort ins Feuer werfen? Huharharahr, da gruselts selbst den überzeugten Agnostiker.

Man muss allerdings gar nicht bis zur Bibel greifen, auch den Böll, den Hesse, den Habermas und Teddy Wiesengrund und was man sonst so alles in seinem Leben wohl nie wieder anfassen wird, darf man nicht einfach wegschmeißen. Die Entsorgung verwester Leseleichen ist ein kulturelles Tabu erster Ordnung. Früher als Student war man da noch unbekümmerter. Man reiste als Valutakrieger durch den Zaun nach Ostberlin und kaufte sich für ein Nasenwasser die Stalin-Gesamtausgabe, eingeschlagen in feinstes Ziegenleder. Diese Beute trug man stolz in den Westen, nähte sich vom gegerbten Zickenarsch einen Ledersessel und schmiss das Gewäsch vom Kulakenkiller in den Allesbrenner. Ja, mit Stalin ging das, mit Tolstoi hätt mans nicht gemacht und wär das Leder noch so fein und der Preis noch so wohlfeil. Ich glaub, ich räum sie doch alle wieder ein, die Bücher, nach dem Umzug, obwohl ich sie wohl nie ein zweites Mal lesen werde.

Fliesenmangel
Das größte Problem der Menschheit im nächsten Jahrtausend wird der Fliesenmangel sein, hat mir mal ein befreundeter Fliesenleger erzählt. Wir sollten nicht alles glauben, was uns die Zukunftsforscher vorhersagen. Teppichbodenhersteller sehen die Welt mit ganz anderen Augen, das können Sie mir glauben.

Spaß an der
falschen Körperöffnung

Essen gehen

Seltsamerweise ist für die amerikanischste aller erwachsenen Freizeitbeschäftigungen noch der deutsche Begriff gebräuchlich: Essen gehen. Drüben sind es vornehmlich Paare in sexueller Erwartungshaltung, die dem Leistungspoppen eine anständige Mahlzeit vorausschicken. Umgekehrt gilt die Annahme einer Einladung zum Restaurantbesuch als Freischaltung der genitalen Schnittstelle.

Hierzulande ist man da weniger auf den Wurm und seine kleine Freundin fixiert, wenn man essen geht. Zuvörderst dient es der schlichten, gerne ungesunden, dafür aber reichhaltigen Nahrungsaufnahme. Fleischplatte beim Griechen, heißt das Zauberwort. In die Jahre der schwindenden Attraktivität abgeglittene Ehezossen retten sich durch Restaurantbesuche über die Abende des Schweigens. Auch hier hocken sie totenstill vis à vis, doch die mahlenden Unterkiefer erzeugen immerhin die Illusion eines stummen Dialogs. Die Erinnerung an lustbetontes Hantieren vor und in Körperöffnungen weckt noch einmal der hineingeschobene Fraß. Eine andere Fraktion der Essengeher sind die Freizeitcliquen, Bürogemeinschaften und Freundeskreise. Sie schieben stets die Tische zusammen, um dort an der langen Tafel eine Grölorgie aufzuführen wie einst Wotan in Walhall an seinem 50. Geburtstag. Wen das böse Schicksal einmal in ein Restaurant verschlagen hat, wenn dort eine Clique die Sau rauslässt respektive in sich reinschlingt, der ist auch ohne Kellner schon bedient. Grund für diese atavistische Völlerei mit Begleitgrölen ist der kulturelle Niedergang des Saufens als eigene Kunstform. Früher traf man sich in Gaststätten mit viel Theke und wenig Stühlen, um sich mal wieder anständig zu betrinken. Dabei kam es darauf an, dass die Zechgemeinschaft möglichst homogen ist – in Geschlecht, Herkunft und Geschichte. Dies erst gab dem sexistischen Witz und seinem älteren Bruder, dem versauten Witz, reale Überlebenschancen und damit dem ganzen Kneipenabend eine reinigende Kraft für die geschundene Seele. Man schlenderte von einem zum anderen, und kein ernstes Thema konnte sich behaupten gegen den donnernden Schrapnelleinschlag eines wirklich guten schweinischen Witzes. Das ist alles passé beim langweiligen Essengehen, denn schon bald erstirbt die zwanghafte Anfangsgrölerei. Über Stunden eingemauert zwischen zwei Stuhlnachbarn ödet man dann vor sich hin, ärgert sich, nicht woanders zu sitzen, da, wo noch gelacht wird am Tisch. Essen gehen ist die trantütigste außerhäusige Freizeitgestaltung, was war dagegen doch der gesellige Suff für ein Spaß aus alten Zeiten.

Erinnerung an 2006
Nachruf Klinsi

Hätte der unverwundbare Klins-Man Deutschland retten können? Ja und abermals Ja, schrie es aus Millionen Kehlen, wenn nicht das ganze Land, so immerhin den deutschen Fußball, und das ist doch die halbe Miete. Der Klinsi-Wahn war zu einer Massenhysterie geworden, die selbstredend auch die Politiker erfasst hatte. Den Deutschen war der Messias erschienen und nichts fürchteten sie mehr, als dass er sie wieder allein lässt mit den ganzen Arschgeigen, die hier sonst das Sagen haben. Eine unterschwellige Wahrheitsvermutung hatte ein ganzes Volk ergriffen: So wie in der Nationalelf könnte es doch im ganzen Land der Bekloppten laufen.

Klar, sicher, da steckt ja auch jede Menge Potenzial in Lurchis Hauptquartier, selbst die Trantüten von der Staatsquote könnten noch was reißen, wenn ein großer Motivator diesem Land seine heilende Hand auflegte. Und so warf der Deutsche all seine Wünsche nach Veränderung auf einen Mann. Hauptsächlich, damit er sie los wird und nichts selber machen muss. Denn was wäre wohl wirklich passiert, wenn jemand wie Klinsmann zum Beispiel in eine Gewerkschaft einreiten würde oder gar das Kabinett mit Fachleuten besetzte? Gefühlte Überlebenswahrscheinlichkeit: fünf Minuten.

Wenn das Volk nach dem allmächtigen Klins-Man rief, so war es das, was das Volk immer tut, es sehnt sich nach dem Big Daddy, der es schon richten wird. Wenn Politiker im Klinsi-Wahn vor sich hin zuckten, so war das ekelerregende Heuchelei. Da applaudierte die Gonokokke dem Penicillin. Keine dieser Flachpfeifen käme auch nur im Volkssturm auf das Dosenpfand in die engere Auswahl, von größeren Gegnern wie der Gesundheitsreform ganz zu schweigen. Damit das weiter keinem auffiel, sollte der Messias vernichtet werden. Den gleichen Fehler wie Pontius Pilatus wollten die deutschen Schergen natürlich nicht machen. Wer würde heute noch Jesus kennen, hätte man ihm einen Posten in der römischen Provinzverwaltung angeboten. Und weil die deutschen Bedenkenträger, Pissetrinker und Status-quo-Profiteure sich für gewitzter hielten als Pilatus, schrien sie mit dem Volk: „Klinsi, bleib, Klinsi, lass uns nicht allein."

Gott
Der Herrgott sieht alles, weiß die Religion. Gott ist tot, behauptet der Atheismus. Womöglich haben beide recht, liebe
Freunde, würden wir zum Beispiel jede Talkshow im Nachmittagsprogramm sehen, wären wir auch schon längst tot. **119**

Nur wenn er weiterhin Bundestrainer geblieben wäre, hätte man ihn vom Olymp stoßen können. Nur dann wäre er wieder zu einem gewöhnlichen Sterblichen geworden, und mit etwas Glück zu einer ganz normalen deutschen Arschgeige. Jetzt, wo er NEIN gesagt hat, bleibt für immer die Erinnerung an einen wunderbaren deutschen Sommer mit Klins-Man aus Kalifornien. So macht man das. Sehr gut!

Lob des Herbstes
Draußen ist vorbei

Auch wenn es seit einigen Jahren nicht mehr den Anschein hat, die trendigste Jahreszeit ist nicht der Sommer, sondern der Herbst. Zwar galt schon immer der gebremste Verfall, als die dem deutschen Charakter angemessene Saison. Doch nicht die damit verbundene Melancholie macht den Herbst so schön, sondern der Abschied vom Draußen. Endlich kann man sich wieder der häuslichen Überschaubarkeit widmen und muss sich nicht am Wochenende mit tausend anderen in Seen und Grünanlagen tummeln. Draußen lauert generell der Feind, als Akustikrüpel, Imwegesteher oder Problem-Erinnerer. Nur im häuslichen Kokon lässt sich die Verderbtheit der Welt auf den Fernseher beschränken. Alles andere ist am rechten Platz und strahlt die beruhigende Langeweile des Gewohnten aus. Darum ist auch das Single-Dasein die herbstlichste aller Lebensformen. Eine auch von gegengeschlechtlichen Irritationen bereinigte Wohnsituation schafft erst den Komfort trendiger Gemütlichkeit. Die freiwillige Vorwegnahme der Alterseinsamkeit erschließt einem schon in jungen Jahren die herbstlichen Genüsse des stillen Vor-sich-hin-Brütens und gedanklichen Sabberns. Wer das Pech hat, nicht allein zu leben, dem droht beim Rückzug in die herbstliche Wohnhöhle der Terror der Geselligkeit, sogenannte „Gesellschaftsspiele" zwingen einen zu idiotischer Kommunikation mit Familieninsassen und dienen vorgeblich dem „Zeitvertreib". Nun ist die Verweildauer auf Erden, wie wir alle wissen, äußerst beschränkt und wenn wir etwas nicht vertreiben müssen wg. „gibts-zu-viel-davon", dann ist es die Zeit. Ihr ist aber leider eigentümlich, dass, je mehr man sie verplempert, desto länger kommt sie einem vor. Je mehr man sie vollpackt, desto eher verfliegt sie. Gedankenverlorenes Aus-dem-Fenster-Starren bringt da mehr als hektisches Rumgemache. Der Herbst begünstigt die Passivität und gibt uns die Chance, Lethargie wieder zu genießen. Endlich ist der sommerliche Zwang zur Freizeitgestaltung weg, man muss nicht mehr mit dem Rad sinnlos durch die Gegend strampeln, zwischen Müllbergen am Kiesteich lümmeln und vor allem nicht mehr grillen. Der Herbst ist die Emanzipation des Menschen von der selbstverschuldeten Gartenparty. Und es ist die Rückkehr zu halbwegs vorzeigbarer Kleidung in der Öffentlichkeit. Die Städte sind wieder befreit von der sommerlichen Saufgaudi an allen Ecken, alles ist wieder schön. Es nieselt, keiner lacht und man darf ohne sich dauernd dafür rechtfertigen zu müssen, zu Hause bleiben.

Heute tot.
Manchmal wachen wir morgens auf und grämen uns über den Tag noch ehe er begonnen hat. Da ist der Chef, das Finanzamt oder der Elternabend. Am liebsten würden wir uns wieder umdrehen und weiterschlafen. Viel leichter kommen wir durch den Tag, wenn wir uns was Besonderes für den Abend vornehmen, zum Beispiel dass wir uns dann die Pulsadern aufschneiden, ja und heißa verlieren all die kleinen Probleme ihren Schrecken.

Das Überschreiten der Dämlichkeit

Documenta

Die Kunst hat seit Beginn der Moderne schon jede Grenze überschritten, sie muss nicht mehr abbilden, nicht mehr schön und wohlgefällig sein, auch keinen Sinn außerhalb ihrer selbst mehr ergeben. Jedes Tabu, jede Geschmacklosigkeit ist schon Tausende Mal gebrochen: der Papst splitternackt, Jesus als geschändetes Meerschweinchen, Hitler kopfüber in Schweineblut ertränkt – wer will das alles noch wissen. Da sich die Kunst aber dem selbst auferlegten Terror des „ständig Neuen, nie Dagewesenen" unterworfen hat, muss sie immer wieder Grenzen suchen, die zu übertreten es sich lohnt. Und siehe da, sie ist fündig geworden! Die Grenze, die von den zeitgenössischen Künstlern am liebsten überschritten wird, ist die des Dämlichen, völlig Bescheuerten. Hatte Marcel Duchamps schon das Banale vom Alltag ins Museum befördert und somit zur Kunst geadelt, so wandert das Banale heute direkt ins Hirn des Produzenten und kommt als gequirlte Kacke wieder heraus. Diese von keinem 6-Volt-Gedankenblitz gestreiften Nichtigkeiten bilden das Zentrum der Auguren- und Narzissen-Show documenta. Wehe dem naiven Kind, das sagt, der Kaiser habe keine Kleider an. Ein thailändischer Vollidiot wässert die Wilhelmshöhe in Kassel, um dort ostasiatische Bauern in schlammigen Reisfeldern rumstapfen zu lassen. Es geht um die Widersprüche der Globalisierung, na, wer hätte das vermutet. Schon im neunzehnten Jahrhundert konnte man im Tierpark Hagenbeck weidende Neger im Gehege neben den Giraffen bestaunen. Gut, warum nicht mal zur Abwechselung grasende Thais ausstellen. Eine selbstverliebte, gleich-

Kaufhaus
Wir alle kaufen gerne ein. Aber haben wir uns auch schon mal gefragt, ob das Geld auch wirklich bei den Bedürftigen ankommt. Die 20 000 Euro für die Rolex, wie viel davon erhält der kleine Campesino in Taiwan, der sie fälscht? Geht nicht das meiste für die Kaufhausverwaltung drauf?

falls total behämmerte Chilenin klebt d-c-Fix-Folie quer über die Fahrbahnmarkierung und ist „erschüttert", als die Kassler Straßenreinigung den Blödsinn wieder abknibbelt. Und? Was wollte sie uns damit sagen? Die Kreuze auf den Fahrbahnen sollten Kreuze darstellen. Sieh mal an! Ein Chinese möchte uns auch auf etwas aufmerksam machen, nämlich darauf, dass man, wenn man keine Ahnung von Zimmermannsarbeit hat, keine Holztürme bauen sollte, weil die nämlich zusammenkrachen, wenn es ein wenig windet. Und? Hat funktioniert. Eine Kroatin wiederum wollte ein Mohnfeld, das ein Mohnfeld symbolisiert, allein es wuchs kein Mohn, weil der sich nicht selber symbolisieren wollte oder weil es zu oft geregnet hat, man weiß es nicht. Ist auch alles scheißegal, denn es gibt nur ein Prinzip zeitgenössischer Kunst: Sie kommt so grottendämlich daher, dass jeder denkt, das kann doch nicht wahr sein, da muss doch mehr dahinterstecken? Tut es auch, in der Regel Eitelkeit, Geldabschöpfung und Arroganz. Denn wie alle selbstreferenziellen Systeme hat auch die neue Kunst deren Kritiker schon im eigenen Erklärungsraster beerdigt: Dort heißen sie Banausen, ich bin einer von ihnen und bin es gern.

Nicht witzig
Das Leben in der Oberschicht

... oder „upperclass", wie der Insasse selber sagt, ist auch kein Spaß. Es sei denn, man ist sterbenskrank, da kommt der renommierte Weißkittel schon mal eher aus dem Gebüsch und legt den Golfschläger zur Seite. Der gesunde, mittelalte Extremverdiener

– jedoch ohne sattes Konto auf den Cayman-Inseln – ist gefangen in gleichgeschalteten Freizeit-Ritualen. Tennis und Golf war früher, als es dort noch die Proleten-Apartheid gab. Heute muss es schon die Großwildjagd und Polo sein, im Fußball die eigene Loge und bei der Mille Miglia der Vorkriegsbolide von der Insel. Halt ein, sagt da der Sänger der sozialen Gerechtigkeit, so schrecklich klingt das doch gar nicht. Stimmt, wenn man denn Interesse oder etwas Ahnung von all dem Rumgemache in der Freizeit hätte. Doch der Großverdiener arbeitet in der Regel zumindest lange, wenn auch nicht viel. Will man da noch ein Hobby nebenher betreiben, müssen es einem die Domestiken schon mundgerecht servieren. Dem Waidmann wird der Büffel vor den Henrystutzen getragen, dem Mille-Miglia-Piloten der Bugatti übergestreift, für Bayreuth die Gattin vom Edelcoutourier aufgetakelt, und zum Segeln vor der Croisette holt man sich einen Skipper auf die gecharterte Yacht. Von nix 'ne Ahnung, aber überall 'ne dicke Hose, so siehts aus, das Freizeitleben der Upperclass. Nur in einem kann man schwerlich bluffen und da gehört es sich, unbedingt Bescheid zu wissen: Wein saufen und komplizierte Nahrung fressen. Denn hier geht es nicht nur ums Freizeit-Rumgeprotze, sondern dabei wird gern Geschäftliches bequatscht. Wer sich da mit einem Pils und 'ner Bulette auf der Faust zufrieden gibt, hat schon verloren. Also quält sich die ganze Bagage durch Edelrestaurants, vertrödelt Jahre des Lebens, um den schnöden Alkohol zum Kulturgut hochzujuxen, nur richtig schön besoffen darf man auch nicht sein. Bleibt als letzte Freiheit des Valutakönigs noch der Dispens von den Fesseln der Monogamie. Doch auch da siehts finster aus beim Mercedes-S-Klasse-User. Das Gespenst im Terrakotta-Knast will weiter gefüttert werden, auch und gerade weit jenseits der sexuellen

Verwendbarkeit. Gelingt einem trotzdem die Abtrennung vom Eheparasiten, nimmt er das halbe Konto mit ins Solo-Klimakterium. Auch die früher gern genommene Gespielin für die frugalen Seiten des Geschlechtsverkehrs will heute nicht mehr so recht ins Bild des erfolgreichen Mannes passen. Wenn man es also recht besieht, ist das Leben in der Güterklasse ein einziges Fristen, und wir können froh sein, dass dieser Kelch von anderen ausgetrunken wird.

Was ist eigentlich demnächst?
Vergangenheit oder Zukunft

In der Physik ist die Zukunft das, was noch geschieht und über deren Erscheinungsbild man heute bestenfalls spekulieren kann. Zumindest in der newtonschen Naturwissenschaft regiert der unbeirrbare Glaube, dass alles, was wir jetzt unternehmen, die Zukunft beeinflusst. Anders die Vergangenheit, sie ist abgeschlossen, und nichts auf der Welt kann ihre gefrorene Zeit jemals verändern. So weit die traditionelle Physik. Der moderne Mensch lebt in einem völlig anderen Zeitkontinuum. Er hält die Zukunft für eine längst beschlossene Sache, für einen D-Zug, der im Tunnel auf ihn zurast. Die Erde wird gegrillt, der Chinese übernimmt die Macht, Dieter Bohlen findet immer frische neue Weiber – kann man nix machen, is halt so. Die Vergangenheit ist da weitaus flexibler. Man muss nicht Joseph Stalin heißen, um sie immer wieder neu zu gestalten, man muss auch keine Politiker-Memoiren lesen oder Doku-Fiction von Guido Knopp gucken, um ihre labbrige Konsistenz

Jährlich verschwinden Dutzende von Schiffen in ostasiatischen Gewässern durch Piratenüberfälle.

Nur wenige finden sich wieder auf
wie dieses in einem Hotel an der Elbe.

zu begreifen. Oft reicht es, nur dem Montagsgeplauder zweier Fußballfans zuzuhören, und man weiß, nichts war so, wie es schien. „Eigentlich hätten wir natürlich gewinnen müssen" oder „Das zweite Tor war natürlich keins". In solcher Art Sätze schieben sich neue Gewissheiten vor die sicher geglaubte Realität. Was sich nicht mal ausgebuffte Neo-Nazis über den Ausgang des Zweiten Weltkriegs zu schwadronieren trauen, ist für Fußballfans ständig geübte Praxis. Nach spätestens vier, fünf dieser Retuschen erscheint die Vergangenheit wie eine Chimäre, keineswegs wirklicher als der Jargon der Eigentlichkeit. „Nach zehn Minuten hätte es im Grunde vier zu null für unsere stehen müssen." Sicher, tat es aber nicht, und nur darauf kommt es an, will man der Realität überhaupt eine gewisse normative Kraft zubilligen. Erscheint die Trauerarbeit der Fußballfans noch als lässliche Sünde aus dem Reich der Eigentlichkeit, so sind andere Fans, die noch unter dem vollen Namen Fanatiker bekannt sind, eine wirkliche Gefahr. Wer ausschließlich in der selbst ausgedachten Vergangenheit lebt und unter Abermillionen Zukunftszenarien nur eines für gottgewollt hält, der hat eine ganz besonders riesige Schramme. Das darf dann auch schon mal unter uns halbwegs Normalen angesprochen werden, finde ich. Und übrigens: Der Papst hat keinen Arsch in der Hose, so viel zur Unfehlbarkeit.

Hamster

Als kleiner Junge bin ich mal von einem Hamster gebissen worden. Es war sehr schmerzhaft, das dürfen Sie mir glauben. Anfangs war ich böse auf den kleinen Nager und hätte ihm am liebsten zertreten. Gut, dass ich es nicht getan habe. Zwei Tage später war er eines natürlichen Todes gestorben, und Mutter hat ihn in die Mülltonne geworfen. Ja, oft ist es besser, dem Nächsten zu verzeihen, denn vielleicht läuft er schon morgen unter einen Lkw.

Ich liebe Dich

„Ich liebe Dich", stand auf dem Zettel, den mir neulich eine attraktive Brünette im Zoo zusteckte. Angeekelt warf ich das Papier in den Stinktierkäfig. Musste man sich schon mitten im Tierpark von dahergelaufenen Models duzen lassen. Wie weit sind wir gekommen.

Die Menschen aus der analogen Zeit

Retro-Jugend

Sie stehen in Ganzkörper-Jeans-Bekleidung vor den Open-Air-Bühnen des Sommers. Die Haare immer noch lang, jedoch ergraut und zu akkurat gekämmt. Oben spielt zum Beispiel Genesis oder Jethro Tull oder scheißegal. Manchmal wackeln sie mit dem Fuß, manchmal mit dem Kopf, wenn einer fragt, ob sie noch ein Bier wollen, sagen sie: „Nein ich muss noch fahren." Die Retro-Jugend amüsiert sich gerade. Wenn die alten Bands wieder über Land ziehen, beamt sich die Generation vor dem Pillenknick in die Pubertät zurück. Zwei Stunden wie leblos vor großen Bühnen stehen, vielleicht ein letztes Mal die Helden von früher sehen, die man damals, als sie noch wichtig waren, nur vom Kassettenrekorder her kannte. Stämmige Hausfrauen wackeln noch einmal so mit dem Hintern wie vor dreißig Jahren im Jugendheim – und es sieht immer noch scheiße aus. Man nimmt es ihnen sogar ab, dass sie Phil Collins' Musik irgendwie berührt, dass sie, Vorsicht, festhalten, Mick Jagger für einen erotischen Mann halten. Doch man möchte ihnen nicht dabei zuschauen, wenn sie es zeigen. Retro-Jugend-Männer fahren Motorrad, schrauben an Oldtimern herum oder saufen Bier, richtiges Bier. Sie gucken alte Filme mit Hubschraubern oder neue mit Bruce Willis. Abends und am Wochenende haben sie die Schnauze voll von der digitalen Scheißwelt, in der sie heute leben müssen, dann muss es wieder nach Benzin riechen, die Musik aus der Gitarre schreien. „Ehrlich" ist das Zauberwort für alles, was damals gut war: die Rockmusik, die Motoren, die Typen. Und die Frauen, die waren auch viel besser und das

Vögeln öfter, dafür nicht so umständlich. Die Zeit ist darüber hinweggegangen, die Kassettenrekorder-Menschen sind alt geworden. Manchmal aber kommt wieder eine Band in die Stadt, deren Namen man früher mit Kugelschreiber auf die Federmappe gekritzelt hat. Und nachdem das erste Erstaunen vorüber ist, „Was die leben noch", kauft man sich die Eintrittskarten, „Kalle und Doris kommen auch mit, na, das passt ja, gehen wir danach noch auf einen Rotwein, sag mal, denkst du bitte an die Schaumstoffkissen, Schatz, diese zum Zusammenklappen, nee, nee, keine Stehplätze." Ja, Pech, es gibt immer noch Rockkonzerte, die nicht komplett bestuhlt werden, auch die Toilettensituation ist very old bestuhlt, sprich Dixi-Scheißhäuser. Dafür dauert der Retro-Rock auch nur eine Stunde, und man kann danach beim Italiener ... Wenn mit dem Einbruch der Tagesthemen das Konzert vorüber ist, gehen der Ganzkörper-Jeans-Anzug und das füllige Mädchen zu ihrer Mittelklasselimousine und beide denken: „Wie schön, dass wir so dicht geparkt haben", und mit dem Gedanken ist das kurze Gefühl, noch einmal jung zu sein, auch schon wieder verflogen.

Embolie im Warenkreislauf
Paare kaufen ein

Mit „Einkaufen" bezeichnete man früher sämtliche Vorgänge, in denen Ware gegen Geld getauscht wurde. Heute heißt das onanistische Abspritzen der Finanzen in Geschäften mit unnützem Plunder „Shopping". „Einkaufen" ist den Besorgungen vorbehalten, die direkt dem Leben dienlich sind, wie Nahrungsmittel, Klopapier, Rattengift oder so. Ist Shopping Kaufen mit Event und deshalb genauso schön wie Saufen und Poppen, nur hygienischer, so ist der reine Versorgungskauf ein alltägliches Übel. Unter Neonflutlicht bei Doofmanns-Mucke zwischen den Regalen rumschleichen, das machen freiwillig nur Singles in amerikanischen B-Filmen. Normale Menschen hetzen durch die Warenhölle, raffen das Nötigste zusammen und versuchen den Ort so schnell es geht wieder zu verlassen. Zwei Dinge sind es, die sie immer wieder daran hindern. Zum einen die Bösartigkeit des Supermarktpersonals, das ständig alle Waren umgruppiert. Zum anderen Paare, die zu zweit einkaufen. Und das sind beileibe nicht nur Rentner, die ihre nutzlosen Restjahre gemeinsam an der Käsetheke zubringen. Der ganz normale mittelalte Durchschnitts-Blödmann samt Gattinnen-Darsteller – er sieht aus wie frisch verprügelt, sie wie ein dominanter Alt-Schwuler –, die beiden also schlappen mit Einkauszettel vor der Lesebrille durch den Pupsimarkt. Ständig beratschlagen sie sich, ob denn die Cherry-Tomaten auch wirklich knackig genug sind, ob man Knoblauch oder Bärlauch an die Lammnüsschen träufeln bzw. rebeln wolle und weiß der Schweineschänder welche Probleme die beiden noch alles haben. Meinetwegen, aber bitte, warum müssen die vor meinen Ohren im Mittelgang des Supermarktes besprochen werden? Wozu müssen für einen Haushalt zwei Menschen zwei Einkaufswagen doppelt so lange rumschieben, wie einer von beiden bräuchte, um den schnöden Fraß zu bunkern. Haben die zu viel Zeit oder sind die tristen Penny-, Pupsi-, Lidl-Baracken auch schon eventverdächtig? „Sollense doch", spricht der Großmütige. Dieser Haltung komplett unverdächtig, sage ich: Kopp ab! Alle beide! Na ja, gut, vielleicht nicht sofort, aber könnte man zur Befriedung nicht Folgendes ein-

---

Kleine Sorgen

Manchmal, wenn mich kleine Sorgen plagen und ich nachts nicht schlafen kann, steh ich auf und spurte ein paarmal über die nahe gelegene Autobahn. Zapperlot, da geht einem aber die Muffe eins zu tausend. Solchermaßen in Adrenalingewittern gestählt, krieche ich wieder zurück in mein Bett und schlafe wie ein Murmeltier.

richten: Im Zuge der ausgedehnten Ladenöffnungszeiten sind mehrere Stunden pro Tag allein den schweigenden Einzelkäufern vorbehalten, die sich nicht das Pärchen-Bärlauch-Geplapper anhören wollen, sondern ratzfatz die Sore raffen und raus aus dem Neonpuff.

Wenn die Kotze süßlich schmeckt

Bagels, Donuts, Muffins

Das Unheil nahm seinen Lauf mit der „Oritschinil Ämärrikän Pizza". Hä?, fragten wir uns damals noch verwundert, was ist an der guten alten Mafiapappe denn auf'n Mal „oritschinil ämärrikän". Um unsere Verwunderung im Selbstversuch zu unterfüttern, erwarben wir bei Pizza-Mütze einen hochbauschigen Fladen, aus dessen Wurstbelag das Altöl eiterte. Aha, machte es in uns, das also kann er auch nich, der transatlantische Doofkopp.

Nachdem er den Italiener kulinarisch gedemütigt hatte, wandte sich der Ami einer anderen europäischen Gastrokultur zu, dem Kaffeegenuss. Staatenreisende erinnern sich vielleicht, dass die Nuschelfresse zu Hause in Amiland am liebsten gesüßstofftes Brackwasser aus Putzeimern schlabberte. Doch dann kam Starbucks und zeigte den Blödianen, dass Kaffee nicht unbedingt wie in Warmwasser gestippte Altherrensocke schmecken muss. Dieses außergewöhnliche Geschmackserlebnis sei den Natobrüdern gegönnt, doch dass sie den Genussersatz in die Alte Welt exportieren, ist eine Frechheit. Der Deutsche, döfster unter den Europäern, nahm den Import natürlich gierig auf. Es ist schon so weit, dass sich hierzulande Kleinstadtbäckereien „Starback" nennen mit „a" hinten, um vom Ruhm der Amijauche zu profitieren. Da es nun überall „ämärrikän Koffie" gibt, kann man dem Ganzen auch gleich den Rest geben. Deutscher Kuchen, deutsches Kaffeegebäck, einzig unter den Mehlspeisen der Welt, droht auszusterben. Stattdessen gibt es nur noch Donuts und Muffins. Selbst das Brötchen hat es zunehmend schwer gegen die Meerschweinchenscheißhausbrille namens Bagel. Dessen zuckriger Bruder ist der Donut, eine völlig überflüssige Novität im Adipositas-Zubehörhandel. Der schrecklichste von den dreien aber ist der Muffin. Sieht aus wie zwangsgeformte Hundescheiße, schmeckt aber nicht so gut. Da wo noch vor ein paar Jahren der Erdbeerboden, die Quarksahnetorte oder der Pflaumenkuchen regierten, da ödet heute der braune Hundeschiss den Verzehrwilligen an. Wie üblich bei Ämärrikän-Food braucht man kein Besteck zum Essen, sondern drückt sich den Muffin-Schiss einfach mitten in die Visage, ungefähr dorthin, wo das Fressloch vermutet wird. Die Reste fallen dann irgendwann ab vom Gesicht und können getrost in die Auslegeware eingearbeitet werden. Die letzte Bastion gegen die Muffins sind die alten Damen mit Hut im Café. Wie lange dauert es noch, bis auch sie sich den braunen Klumpen ins Runzelface quetschen, statt den Frankfurter Kranz mundgerecht zu portionieren?

Kotflügel
Denken Autodesigner dabei – zumindest manchmal – an die verkrustete Borke bräunlicher Exkremente auf den Schwingen gefolterter Legehennen?

Kuwait
Denken wir da nicht an glückliche Kühe, die auf saftigen Wiesen weiden? An ein Land voller Glück und Zufriedenheit? Ja, und mögen das die irakischen Stromer nicht auch gedacht haben, als sie nächtens verstohlen über die Grenze schlichen und etwas von der Atmosphäre dieses Landes in sich aufnehmen wollten? Kuwait – Land der Verheißung! Wer würde es ihnen übelnehmen wollen.

Da ist sie ja endlich

Unsere Unterschicht

Jetzt sind wir vollzählig! Bisher wussten wir, dass die Deutschen aus drei Schichten bestehen, ganz oben die vaterlandslosen Gesellen, die versteuern nämlich ihre Kohle, wenn überhaupt, im Ausland. Das sind zum Beispiel Harald Schmidt, Franz Beckenbauer, Schumi, Klumi und der Boris. Manchmal sind sie dafür zu doof, und dann packt sie das Finanzamt aber so was von an den Eiern, dass sie heulend in der Bildzeitung erscheinen. Unter dieser Schicht leben die Besserverdienenden, die sollten mal alle FDP wählen, hamse aber nich. Die meisten von ihnen leiden am Verfall ihrer Aktien, geschlossenen Immobilienfonds in der Zone und den Reparationszahlungen aus gescheiterten Ehen. Eigentlich geht es ihnen gut, sie sind aber trotzdem scheiße drauf. Unter dieser Schicht lebt die neue Mitte, das war eine Erfindung der SPD und kurz darauf auch der CDU. Hier versammelt sich alles, was einen Dispokredit von mindestens 5000 Euronen hat und Neuwagen noch aus eigener Anschauung kennt. Diese Gruppe Pissetrinker bildet das Rückgrat der Gesellschaft. Ach du Scheiße. Da drunter war bisher gähnende Leere. Gut, da gab es die Kaputten, die Kanaken, die Nazis, die Studenten, die Langzeit-Zonis, die Alten, die Asylanten, die Spätaussiedler und die alleinerziehende 15-Jährige aus dem Stadtteil mit den gestapelten Fickzellen – alles Einzelschicksale. Nun endlich sind sie zu einer großen Gemeinschaft geworden, der Unterschicht. Sie bildet den morastigen Boden, auf den unsere Gesellschaft gründet. Unterschicht ist eine tolle Sache, damit kann man denen darüber Angst einjagen. Wenn ihr nicht brav seid, zack, gehts abwärts zu den Schmuddelmenschen. Und bei denen, die schon unten sind, da brodelt es, die wollen nämlich aufsteigen, was Besseres für ihre Kinder, Bundeskanzler werden oder wenigstens im eigenen Reihenhaus die Katze grillen. So weit so schön, nun ist aber unsere deutsche Unterschicht gar nicht so drauf, wie das in der Bedienungsanleitung für Unterschichtsmenschen steht. Die wollen gar nich raus aus ihrer Schmuddelschicht. Erstens ist es da nämlich gar nicht so scheiße, zweitens aufsteigen ist anstrengend und mit dem Ablegen der Jogginghose verbunden. Drittens und entscheidend, was soll man da in der Pissetrinker-Schicht, denen geht doch die Muffe 1 zu 1000, dass der Lebensstandard den Sittich macht. Fressen, Ficken, Fernsehgucken und das alles auf Schein, da sagt auch bald die Neue Mitte nicht mehr Nein.

Der Tedesco-Western
Deutsche auf der Flucht

Ganz Deutschland ist wieder auf der Flucht, kein Magazin, ob Print oder TV, erscheint noch ohne Pferdewagen, die in endloser Reihe durch Eis und Schnee westwärts ziehen. Waren das noch Zeiten, als 14 Millionen Menschen innerhalb kürzester Zeit einwanderten! Und das waren alles Deutsche, keine Neger, nix da, Reichsdeutsche von unserem Blut. Sie flohen vor dem übelsten Gesellen, den wir kennen, dem Iwan. Und sie flohen aus dem gelobten Land der Deutschen, dem mystischen Ostpreußen. Dort war ein Knecht noch ein Knecht und der Herr war eine Frau, ritt stets hoch zu Pferde und hörte auf einen Namen mit vorne „von" und hinten „dorff" mit doppel-„f".

Mein Fuß ist eingeschlafen
Welch ein Mysterium der Natur: Ein Teil meines Körpers lebt sein eigenes Leben, versucht auf eigenen Füßen zu stehen. Na, wollen hoffen, dass ihm der Start in die Unabhängigkeit gelingen wird. Ich werde ihm nicht im Wege stehen.

135

Ostpreußen, die offene, weite Projektionsfläche für alle deutschen Träume von Freiheit und naturnahem Leben. Niemals fliehen die Fernsehflüchtlinge aus schlesischen Arbeiterstädten, aus schäbigen Köhlernestern in Rumänien, immer von riesigen Gütern in Ostpreußen. Und niemals ohne Pferde. Der Treck nach Westen, jahrelang in unzähligen Hollywood-Filmen als nationaler Mythos auch in teutonische Hirne eingehämmert, findet endlich seine deutsche Entsprechung. Was dem Amerikaner die wilden Komantschen, ist dem Germanen der IWAN, genauso blutrünstig und letztlich feige. Und bloß, weil wir ihn vorher ausrotten wollten, hätte er doch nicht nach '45 so fies werden müssen. Und uns dann noch Ostpreußen stibitzen, und was hat er draus gemacht? Ein Drecksland ohne Güter, ohne Gräfinnen, dafür voll mit Russen, das konnte doch nichts werden. Der Ami, der hat es gut, der hat die Indianer umgebracht, und trotzdem hat ihm niemand Kalifornien weggenommen. Sein Treck nach Westen war kein Rückzug, sondern eine Eroberung. Aber eigentlich ist es scheißegal, ein Mythos schert sich nicht um das geschichtliche Resultat. Dem Serben ist das Kosovo heiliges Land, obwohl er da vom Osmanen einen auf die Mütze kriegte, der Brite feiert den Sieg von '45 und sieht darin nicht den Beginn des eigenen Niedergangs. Darum finden sich alle Deutschen auch in der Flucht aus dem Osten wieder. Dies geschichtliche Ereignis hat alles, um zum gemeinsamen Mythos der Deutschen zu werden. Der Auszug der Unschuldigen aus dem gelobten Land Ostpreußen, der Treck nach Westen, die vielen Helden, die vielen Pferde, Menschen von edlem Blute, der Iwan, und dann am Ende das neue Land Bundesrepublik, in dem Wirtschaftswunder und Honig fließen. Kein Wunder, dass die Flucht in allen Medien zum deutschen Western wird.

Nachbars Katze
Wer von uns möchte nicht mal die Katze vom Nachbarn verführen.
Aber ist das auch richtig? Denken wir dabei auch an die Katze oder wieder einmal nur an uns selbst. Tragen Sie
diesen Gedanken eine Weile in ihrem Herzen.

Spiel mir das Wiegenlied vom Herzinfarkt

City-Marathon

Man hat ja schon viel Elend gesehen, wenn man in die Jahre gekommen ist, noch mehr, wenn man das Unglück hat, ein Gutteil dieser Lebensspanne in dem sozialen Restmüllbehälter Großstadt verbracht haben zu müssen. Was einem hier schon alltäglich an Jammergestalten begegnet, kann so vom Schöpfer nicht gewollt sein – hoffe ich zumindest für ihn.

Einmal im Jahr zur Sommerzeit wird dieser Reigen der Erbärmlichkeit noch getoppt. Das Ereignis nennt sich City-Marathon und ist ein nicht enden wollender Lindwurm stolpernder Untoter, der sich durch die Innenstadt quält. Unablässig Pappbecher um sich schmeißend, hinterlassen sie ein Mahnmal der Wegwerfgesellschaft. Trügen sie nicht diese grellbunten Wurstpellen am Leib, man glaubte, dem Dreh einer Filmszene live beizuwohnen: Die geschlagene sechste Armee marschiert in die sowjetische Gefangenschaft, das Volk Israel auf dem Weg nach Babylon, der Todesmarsch der Cheyenne zum Sand-Creek – irgendetwas mit vielen Toten unterwegs auf jeden Fall. Besonders das letzte Drittel der Kolonne stellt eine Beleidigung für jeden zufälligen Betrachter dar. Ausgemergelte Mittelstandshippen, bulimische Mahatmas, alle nur Sekundenbruchteile vom Exitus entfernt, so glaubt man zumindest. Batteriebetriebene Plastinate wackeln spuckend und röchelnd an uns vorbei. Man ist hin- und hergerissen, ihnen Gutscheine für den Sarg-Discounter zuzustecken oder sie durch einen beherzten Arschtritt von ihrem Leiden zu erlösen. Stattdessen starrt man fassungslos auf so viel unverschämt zur Schau gestelltes Elend. Lauft euch doch dort eine Brandblase ans Gemächte, wo es keiner sieht. Warum können die trabenden Masos nicht die städtische Mülldeponie umrunden, allein der Pappbecher wegen. Es ist nun wahrlich kein ästhetischer Gewinn für unschuldige Passanten, diesem Invalidencorso beizuwohnen. Damit auch von Zuschauerseite der City-Marathon an Attraktivität gewinnt, lohnt ein Blick ins spanische Pamplona. Dort jagt eine Herde hysterischer Jungrinder verletzungsinteressierte Bürger durch die Altstadt. Da kann es schon mal sein, dass man aufgespießt oder zu Tode getrampelt wird. Für die Zuschauer ein Mordsspaß. Um nun etwas mehr Leben in den innerstädtschen Gefangenenchor bei uns zu bringen, wäre nur zu überlegen, wen man denn den Klappergestalten auf den Leib hetzen könnte. Ohne nachzudenken fallen mir da die Harley-Fahrer ein. Auch ihre sommerlichen City-Events, die Harley-Owners-Group-Chapter-Daytona-Beach-Dingenskirchen-Blödmann-Treffen sind eine Pest. Hetzte man nun die Side-Pipe-Onanisten auf den Zug der isotonischen Lemminge, könnte sogar ein City-Marathon zur launigen Sonntagnachmittagsveranstaltung für Unbeteiligte reifen.

Molukken und Migranten
Ausländer auf Deutsch

Neulich sah ich einen belgischen Reisebus, in riesigen Lettern stand der flämische Name des Unternehmens auf der Flanke: „De Zigeuner". Was sich bei uns nicht mal mehr das Schnitzel traut, scheint in Belgien noch gang und gäbe, alte Namen für

---

Neue Hackfleischverordnung
Was las ich doch neulich in der Zeitung? Europa bringt uns im Jahre 2010 eine neue Hackfleischverordnung. Einen
Moment lang zuckte ich zusammen.

Ausländer. Wobei ich nicht mal sicher bin, ob man bei uns noch „Ausländer" sagen darf. Der Begriff verwirrt ja auch etwas, denn die wohnen ja alle hier. Der zurzeit favorisierte Ausdruck lautet „Mitbürgerinnen und Mitbürger mit Migrationshintergrund". Nicht nur die hier verwendete Alliteration ist als Stilmittel etwas verbraucht, auch durch die Länge des Ausdrucks wird er sich kaum gegen die schlichte Eleganz des „Kanaken" durchsetzen können. Vor der Saugkraft des Verächtlichen ist dabei kein noch so harmloser Ausdruck gefeit. Auch der Kanaker, war mal ein netter Pazifik-Insulaner, der Asylant mutierte zum Asylbewerber und ist selbst als solcher heute ein Schimpfwort in der Fußball-Arena. Der Fremdarbeiter verwandelte sich über den Gastarbeiter in den Arbeitsemigranten, und ich wette drauf, dass „Migrant" die kommende pejorative Vokabel sein wird.

Den Kampf gegen das Abdriften der Wörter in Hass und Schmutz ficht die politisch korrekte Sprache an aussichtsloser Front. Das Kuscheldeutsch hat etwas Lächerliches; wer sagt denn tatsächlich „Andersbefähigter" zum Behinderten, immerhin nur ein Sechssilber. Aber was ist mit den „Hauptschulabbrecherinnen aus anderskulturellen Migrations-Familien mit Integrationsdefiziten", hä, darf man Türkenmädchen auch nicht mehr sagen? Es könnte einem ja egal sein, was der Sozialpädagoge so an begrifflichem Geschwurbel hervorwürgt, ginge damit nicht eine Stigmatisierung der einfachen Sprache einher. Zigeuner, Eskimo, Neger sowieso, alles ibähhh. Der schlimmste Ausdruck ist seltsamerweise noch gar nicht in Verdacht geraten, er heißt „Nicht-Deutscher". Was für eine Frechheit, andere Menschen per negationem zu definieren. Wir könnten ja versuchsweise mal alle Frauen als Nicht-Männer bezeichnen, was dann wohl los wäre. Es ist schwer, eine angemessene Sprache zu finden, die

Optimist und Pessimist

„Das Glas ist halb leer oder halb voll", so unterschied einmal ein Philosoph den Pessimisten von dem Optimisten. Nun, ich würde mal so sagen: Wer sich mit halben Sachen befasst, ist einfach nur ein Versager. Oder meinen Sie nicht?

weder beleidigend noch unbeholfen wirkt. Vielleicht sollte die Gesellschaft für Deutsche Sprache dazu mal einen Aufruf starten: Findet ein Wort für in Deutschland lebende Menschen, die im Ausland geboren sind oder sich einem anderen Kulturkreis als dem unsrigen zugehörig fühlen. Auch wenn man dann vom Spaguffen über Ölauge bis zum Schwarzfuß haufenweise Müll einsammelt, so hat man, wenn auch kein neues Wort, so doch einen Querschnitt durch die deutsche Befindlichkeit. Da gruselt man sich doch auch mal ganz gern.

Dorian Gray der Neuen Mitte
Gerhard Schröder

Wenn Schröder morgens das Bad verlässt, dann ist er sicher, dass sein Bild im Spiegel noch minutenlang verharrt, ehe es erlischt. Vor dem Frühstück kommt Schröder Minus Köpf ins Vestibül geschnurt. Sie sagt ihm, dass er der Größte ist, aber das wusste Schröder selber schon. Minus Köpf will jetzt auch ein richtig dickes Buch schreiben. „Mach doch", sagt Schröder, „ich ruf Heye an, der kloppt dir das in drei Monaten zusammen." Minus Köpf lächelt und probiert aus einem Schälchen ihrer Hundefutterproduktlinie, ehe sie es an den schottischen Adoptivhund weiterreicht. Schröder fühlt sich sauwohl, die ganze Republik spricht über seine Schwarte, dabei war er weder als Säugling in der Waffen-SS noch verlangt er darin, die Frauen sollten sich gefälligst a tergo begatten lassen wie früher, als Eva Herman noch Haare am ganzen Körper hatte. Harharharharhar, Schröder lacht bei der Vorstellung, sich Eva Herman mal

Dreiste Entführung: Über Nacht Bewohner samt Schlafzimmer geklaut.

richtig vorzunehmen, harharhar. In seiner Liga sind Weiber ja kein Problem, aber er ist mit Minus Köpf verheiratet. Joschka, die alte Ratte hat da dickere Beute gemacht. Aber eigentlich ist es ihm auch scheißegal, welche Else um ihn herumspringt. Schröder rennt noch einmal kurz ins Badezimmer und guckt, ob sein Spiegelbild noch da ist. „Wusst ichs doch!", Schröder pisst zufrieden den Morgenkaffee stehend in die Schüssel. Harharhar, das hatte er im Kanzleramt auch immer gemacht und dabei mit seinen Ministern telefoniert.

Beim Pissen Leute am Telefon zusammenscheißen, das waren die schönsten Momente seiner Kanzlerjahre. Im Buch stand davon nichts, da stand sowieso so gut wie nichts drin. Warum auch, Hauptsache, ich finde es gut. Schröder lacht wieder den Spiegel voll, damit sein Bild nicht verblasst. In den wenigen klaren Moment, in denen Schröder nicht zugedröhnt war von sich selbst, ahnte er, was für eine peinliche Nummer er im Grunde ist. Aber er musste sich da irren, denn keiner sonst im Lande schien das zu bemerken. Gut, er hatte Gegner und Neider, aber alle respektierten ihn als ganzen Kerl. Eine Stunde müsste er sich noch an seinem eigenen Spiegelbild hochziehen, dann würde er es auch wieder für einen Tag lang glauben. Minus Köpf kommt herein und bringt ihm die Body-Control-Unterwäsche. „Das Zwergengroßmaul sieht darin ein bisschen wie Bogart aus", denkt sie und küsst Schröder knapp unter den nicht gefärbten Haaransatz.

Polen

Polen sind Menschen wie du und ich, hörte ich neulich einen Pfarrer sagen. Vielleicht rührt daher unser Vorbehalt gegen die östlichen Nachbarn.

Schalter

Neulich stand ich vor einem Lichtschalter. Was für ein Unterschied zu einem Postschalter. Keine Wartezeit, keine unfreundlichen Gesichter. Ja, in Sachen Automation haben die Energiekonzerne dem ehemaligen Staatsunternehmen doch einiges voraus.

Besuch aus dem Jenseits der Jugend

Best-Ager

Ein neues Gespenst schleicht durchs Land der Mehrfachklassifizierten: der Best-Ager. Jenseits des werberelevanten Konsumkorridors zwischen 14 und 49 hat die Warenwelt den alten Sack als Opfer ausgemacht. Das zweibeinige Furzkissen war gestern, Heute ist der agile 50-plus, der es nur so krachen lässt an der Kaufhauskasse. Und das aus drei Gründen: Erstens weil er es kann, denn diese Generation ist die letzte, die noch auf breiter Front Geld gemolken hat im deutschen Siechenheim. Zweitens: Er gönnt seinen missratenden Setzlingen keine Mark vom mühsam Angehäuften. Über zwei Jahrzehnte schon suhlt sich Sohnemann in Papas Versorger-Flatrate, wenigstens nach dem väterlichen Arschzukniff soll die Bratze in die Röhre glotzen. Und drittens: U-50 hat, wie es damals Sitte war, gleichaltriges Gebälk zum Altar geführt und nun nach einem Vierteljahrhundert Hautkontakt nicht mehr so recht Spaß am monogamen Rumgemache. Da beim Falten-Ager mit der Lesebrille aber die Aussicht auf finanzneutrale Erotikspiele schwindet, bleibt viel Raum für Konsum. Reisen, Fressen, Raumausstattung. Er träumt vom begehbaren Humidor voll kubanischer Tabakschwänze, sie auch von Kuba und Schwänzen, sublimiert allerdings über Accessoire-Einkäufe für das senile Kuschelnest. Die Mittel sind vorhanden und warten nur auf Auslösereize. Täglich erscheinen neue Kataloge mit witzigen Geräten für die Küche, das Gartengestühl wird upgeradet, bis sogar der Komposthaufen in Teakholz eingefasst dem schweifenden Auge wohlgefällig Halt bietet. Best-Ager und Best-Agerette sitzen auf der Aussichtsterrasse ihres Lebens, vorbei sind die Jahre der Plackerei im Beruf, die Elternabende, das Engagement für irgendeinen Mist, den sie eh nicht mehr erleben. Nun endlich kann man sich ganz auf sich selbst konzentrieren: den eignen Pansen päppeln und den Planeten als Freizeitpark begreifen. Nie war in einer welkenden Generation so viel Kapital vorhanden wie heute. Doch Kapital ist nur ein Versprechen, dessen Einlösung der produktive Teil der Gesellschaft den Unproduktiven gibt, solange die Hoffnung besteht, selbst einmal dazu zu gehören. Spätestens wenn Best-Ager, Silver-Ager, Mumien-Ager und Last-Minute-Ager die absolute Mehrheit sind, kann der Spaß ganz schnell zu Ende sein.

Tempel der verdorbenen Sprache

Badezimmer

Im großen Gebäude der Bekloppten gibt es manche Räume, in dem die ganz schweren Fälle zu Hause sind, einer davon ist das Badezimmer. Oder wie die Bescheuerten es selber formulieren: die Wellness-Oase. Dort wo einst die Dusche stand, lauert jetzt der „Spirit of Rainforest", bei näherem Hinsehen eine Riesengießkanne, aus der es tröpfelt wie einst aus Opa vor seiner Prostata-Operation. Wem das noch nicht reicht an metaphysisch aufgeladenem Body-Cleaning, dem empfiehlt der Hersteller ein „Ritualmodul". Ein was? Das ist eine geschlossene Kiste mit Wanne, Brause und Arschgrill. Fehlt nur noch, dass eine Gummihand aus der Fliese rausflutscht, um den nackten Papa abzuspermen. Wer es nicht in der zuen Kiste mag, dem bleibt das „Free-showering", heißt in schlicht: Die Wand fehlt. Richtig bchämmert wird es aber erst, wenn die Wasserhähne ins Spiel kommen. Vom Prinzip her auch heute noch sind das einfache Absperrventile vor Endrohren. Im Food-Lab, früher Spülstein, nimmt man da die Zweilochbatterie mit Shower-Extender, im Bathroom, besonders an der Beauty-Station, Neandertaler sagen dazu Waschtisch, sollte es schon eine Unterputzlösung sein. Als „Hidden Hightech" ragt ein verchromter Ponypimmel aus der Fliese, und die Lichtschranke aktiviert den optimiert gebündelten Strahl. Händewaschen wie an der Autobahnraste, bloß 100000-mal teurer. Der Strahl pladdert natürlich nicht einfach ins gewölbte Porzellan, sondern in nordafrikanischen Malachit, aus dem Vollen gehauen, einem korinthischen Kotzebecken nachempfunden. Da, wo sich Wellnesser und Bettnässer den Wurm schütteln, im WC-Kabuff, ist auch nichts mehr so wie früher. Das Pissbecken oder Urinal, in dem der Mann gemäß seinen technischen Möglichkeiten Wasser lassen kann, mutierte zum „Gender Stand komma male". Den „Spirit of After-Cleaning" vermittelt das Bidet mit dem „Smooth-Operator" als Arschbrause. Es ist alles dermaßen widerwärtig, man möchte in großen Lettern an die Marmorfliese sprühen: „In diesem Scheißhaus wohnt ein Geist, der jedem der Designer heißt, von unten in die Eier beißt."

Das Schäflein

Vor vielen Jahren hat mich mal ein altes Mütterchen auf der Straße angesprochen. Mühsam schleppte sie sich an zwei Krücken aus dem Kaufhauseingang zu mir hin und wimmerte mit gebrochener Stimme: „Erbarmt euch guter Mann einer alten Frau und schenkt ihr ein kleines Schäflein!" Nun liebe Freunde, es muss natürlich „Scherflein" heißen. Auch und gerade in der Armut sollte man sich um ein korrektes Deutsch bemühen. Diesen Reichtum kann einem niemand nehmen.

So retten wir die Welt

Plaketten

Was immer man auch tut als Bürger dieser Republik, es ist irgendwie mit Emissionen verbunden. Der Oberemittent ist der Raucher. Diese Drecksau zieht naturreinen, mit EU-Geldern geförderten Tabakqualm in seine Lunge, vergiftet ihn dort mit eigenen Atemluftresten und bläst diesen Cocktail seinen Mitmenschen ins Gesicht, auf dass sie früher den Löffel beiseitelegen. Emittentensau Numero zwo ist der Pkw, der tötet nicht nur den Passanten auf dem Gehsteig via Feinstaub, sondern hat sich Größeres vorgenommen: Die ganze Erde soll dran glauben! Zu dem Behufe pustet er das böse Zeozwei in Gottes freies Gewerbegebiet, bis der Himmel sich beschlägt davon und drunten Mensch wie Tier der Pöter gegrillt wird. Das ist ganz doll schlimm und kommt auf uns zu, wenn wir nicht sofort knallhart dagegen angehen, zum Beispiel eine Plakette auf das Auto kleben. Neben „Baby an Bord" der österreichischen, schweizerischen, tschechischen und kosovarischen Autobahnvignette sowie dem City-Maut-Aufkleber für Neubrandenburg eine weitere Visa-Folie, um halbwegs legal fossile Energie sozialverträglich nutzen zu dürfen. Doch ungeachtet aller Durchfahrtssticker emittiert der Pkw weiter vor sich hin, und schon bald reicht die grüne Plakette nur noch für die Fahrt zum Zigarettenautomaten. Dort schieben wir die Chipkarte mit dem codierten Raucherberechtigungsnachweis in den Automaten und lösen gleich noch ein Ticket für entsprechende Emissionsrechte, damit wir die Fluppen noch im Diesseits kontrolliert abbrennen dürfen. Zum Nachhauseweg langt es nun leider nicht mehr ganz, denn das persönliche Zeozweijahreskontingent ist dummerweise ab-

---

Schrittgeruch
Es ist das namenlose Leid vieler Tausender, die sich in den Straßenbahnen verschämt die Aktentasche auf den Schoß
146   *stellen. Wo ist die Bundespräsidentengattin, die sich mit einer Stiftung dieser Menschen annimmt?*

gefahren, weiß die Blackbox im Armaturenbrett und gibt den Zündkontakt nicht mehr frei. Im Display erscheint daraufhin die Kontonummer eines zentralafrikanischen Klimaschutzprojektes. Wenn wir per Handy flugs einen nennenswerten Eurobetrag auf jenes Konto anweisen, wird der PKW für weitere 100km freigeschaltet. Wohl dem, der schon vorsorglich ein paar Hektar Grünbrache aufgeforstet hat und nun von seinem Emissionskonto ein paar Meilen abbuchen kann, um noch per PKW nach Hause zu gelangen. Völlig fertig mit den Nerven über den bürokratischem Super-Gau, steckt sich unser Mann aus der gerade erworbenen Packung eine Fluppe ins Gesicht und wird ungünstigerweise dabei von einem Umweltranger ertappt. PKW und innewohnender Emitent werden sofort behördlicherseits versiegelt, alle Lebensberechtigungsfolien abgekratzt und die Angehörigen erwartet ein fünfstelliges Entsorgungsproblem. Schwarze Plakette, Wiedersehen!

Gutmensch-Gehopse
Salsa

Ist ja nicht so, dass Menschen in der sogenannten Mitte ihres Lebens, also im letzten Drittel, keinen Spaß mehr haben, selbst wenn sie in einer gewerkschaftsnahen Kulturinitiative tätig sind, oder so. Wird dort einmal richtig auf den Putz gehauen oder „geschwoft", wie es in Pullover-Deutsch heißt, dann spielt eine Salsa-Combo auf zum Tanz. Das ist so eine grundlos fröhliche Musik, und außerdem war man selber auch schon mal drüben. Zuerst hopsen immer die Frauen alleine auf die Fläche.

Es ist dieser Typus Weib, der auch sonst üblicherweise in ekstatische Verzückung gerät, wenn der DJ „Its raining men" auflegt. Nun aber kreist die gespickte Hüfte zur Salsa, und ein debiles Grinsen umspielt die welke Tänzerin. Man sieht direkt den virtuellen Karibik-Riemen in ihr arbeiten. Nachdem die erste Staffel Alt-Ricken sich einen abgezappelt hat, betreten auch die Grauschläfen die Lichtung. Was beim Weib noch wie eine heilbare Krankheit aussieht, hat im Manne schon größere Verheerungen angerichtet. Beim Regierungsinspektor mit dreißig Dienstjahren auf dem Buckel will die Hüfte nicht mehr ganz so lasziv nach vorne schnellen, und so ähnelt sein Salsa-Gehopse der Verwandlung in einen Werwolf, wenn die Uhr hat zwölf geschlagen. Was Wunder, dass die Jugend keinen Respekt mehr vor dem Alter hat: Mama zuckt, als nähme sie ein unsichtbarer Neger im Galopp und Papa tanzt den Lykanthropen. Warum ausgerechnet Salsa-Musik den linksliberalen Nudelfresser in ein epileptisches Meerschweinchen verwandelt, kann nur vermutet werden. Es ist wohl zum einen die sublimierte Herrenmensch-Attitüde, die grundsätzlich alles gut findet, was nach Dritte-Welt-Laden riecht. Zum anderen ist es die jahrhundertealte Vorstellung vom edlen Wilden, auf den der zivilisationsmüde Europäer alle seine unerfüllten Wünsche projiziert. Keine Riester-Rente, kein Mittlerer Dienst, und trotzdem sind sie glücklich dort im Urwald, schrammeln, dass die Gurke zittert, und zwischen den Knien, da tut sich auch noch was. Einen Hauch nur von diesem unterstellten Glücksgefühl möchte man erhaschen, wenn beim Jahresempfang der Anwohner-Initiative die knarzenden Hüftknochen zur Salsa nach vorne schieben.

Schöne Dinge

Menschen haben gerne schöne Dinge um sich. Doch kann man etwas davon mitnehmen ins Grab? – Ja, zum Beispiel ein kleines Jauchefass oder eine mittelgroße Stehlampe. Darüber sollten alle nachdenken, die sich mit Rolls Royce und Motorjachten umgeben. Zu guter Letzt die Sieger werden andere sein.

SPD

Manchmal denke ich, ach, was solls, jetzt ist auch alles egal, jetzt kannst du auch in die SPD eintreten. Doch dann versöhnt mich plötzlich das Tschilpen eines Spatzen oder ein unverhoffter Sonnenstrahl wieder mit dem Schicksal.

Schöner Traum

Weihnachten allein

Man darf ja allerhand Blödsinn treiben zu Weihnachten, das Gebüsch beleuchten bis der Uranmeiler in die Knie geht, sturzbetrunken untern Tannenbaum den Sekt abreihern, fressen, vögeln, Fernsehen glotzen – nur eines, das darf man nicht am Heiligabend: allein sein. Da gilt man gleich als vereinsamt, sozial isoliert und suizidgefährdet. Dabei gäbe es doch nichts Schöneres und auch Gesunderes als diese Orgie des kollektiven Schwachsinns in stiller Klausur zu verschlafen.

Keine Fremden in der Wohnung, die sich unter der Schutzbehauptung angeblicher Blutsverwandtschaft Einlass verschafft haben, keine fetten Vögel fressen bei Tante Erna, nicht Tausende von Kilometern durch Europa nageln, nur um Leute zu besuchen, deren Anruf einen schon zum Wahnsinn treibt. Weihnachten könnte so schön sein. Zu Hause den ganzen Tag vertrödeln, mal zu einem Buch greifen, das DVD-Abo endlich mal nutzen, was Leckeres kochen und zuweilen längst vergessene Praktiken am Wohnungsgenossen ausprobieren. Wenn es keine Katze ist, sondern sprechen kann, werden womöglich Erinnerungen wach an Zeiten, als Sex noch dem interesselosen Wohlgefallen diente. Nun, das alles ist verboten! Denn auch zu zweit darf man nicht allein sein zum Fest der Familie, wobei Familie hier durchaus im sizilianischen Sinne gemeint ist. Erstens ist sie genauso groß und zweitens wünscht man hier wie dort einigen den Beton an die feuchten Füße. Als ob das nicht schon genug der unfreiwilligen Sozialkontakte wäre, erscheinen auch noch die „Freunde von früher" auf der Erdoberfläche. Meist zu später Stunde am Heiligabend trifft man sich in der „Klimperkiste", einem stehen gebliebenen Kneipenrelikt aus dem vergangenen Jahrhundert, um bei Altbierbowle über die Schrullen längst vermoderter Lehrkörper zu lachen. Gähn! Diese Retro-Fröhlichkeit lässt sich naturgemäß nur durch massive Alkzufuhr ertragen. Wenn dann am andern Morgen beim Weihnachtsgottesdienst der Organist beherzt in die Tasten greift, explodiert das verkaterte Hirn in tausend Stücke. Danach bei den Schwiegereltern mittags das Fett von den Vogelgräten lutschen, keine Atempause, sofort gibt es den Frankfurter Kranz, Onkel Fritz und Tante Fettsteiß schieben sich durchs Vestibül, Abendessen, hahaha, nur Würstchen, doch wie wärs mit 'nem kleinen Likör, ganz was Feines, auf Sahne und Eierbasis ... In dem Moment hat das Fest seinen Höhepunkt erreicht, in einer plötzlichen Eruption bricht Lava aus dem eignen Schlund hervor. Stinkend und pladdernd quillt sie über Hemd und Hose. Dies ist der Augenblick, in dem du dich das erste Mal an den ganzen Weihnachtsfeiertagen ganz bei dir selbst fühlst. Und du schwörst bei allem, was dir heilig ist: Nächstes Jahr feier ich alleine. Sicher!

Besser gehts nicht
Silvester allein

Unterliegt das Weihnachtsfest schon dem kollektiven Zwang der geselligen Famillienzerfleischung, muss man sich am letzten Tag im Jahr im Freundeskreis anöden. Immerhin wird man nicht gleich vom Obdachlosenpfarrer betreut, wenn man Silvester im engsten Autistenrund mit sich selbst verbringt. Dennoch ist jener, welcher die Herde meidet, an diesem Tag höchst verdächtig.

Gilt der Weihnachtshass als mittlerweile gesellschaftlich anerkannt, so sind die Silvesterophoben noch eine kleine Minderheit. Man versteht auch nicht, was daran so schlecht sein soll: Lustige Perücke aufsetzen, Unterarme wegsprengen, zuckrige Bowle saufen, halb verdauten Nudelsalat vom CD-Player kratzen – ja, das macht doch jedem Spaß. Oder zumindest Brettspiele im Kreise befreundeter Pärchen, das kann doch sehr lustig sein. Wem auch das nicht einmal gefällt, dem bleibt das Ferienhaus in Dänemark. Da ist doch für jeden etwas dabei, sollte man meinen, wozu sich über Silvester bloß echauffieren.

Für jeden eben nicht, für den, der einfach gern allein zu Hause sitzen bliebe, kennt die Sozialrotte kein Pardon. Was'n das für einer, hat wohl niemanden, den er um null Uhr in die Arme schließen kann. Denn insgeheim ist Silvester Heldengedenktag der monogamen Paarbindung. Wird sich am Heiligen Abend gern getrennt, des pompösen Auftritts wegen, gehört der letzte Tag im Jahr dem binären Rumgeknuddel. Wie schön, dass wir uns haben, wo alles andere um uns herum doch dem unaufhaltsamen Lauf der Zeit unterliegt. Das Pärchen braucht diesen Feiertag als Soßenbinder der Beziehung, denn wer Silvester zusammen durchsteht, so das insgeheime Versprechen, für den bleibt es noch eine Weile gut. Und damit die Kulisse stimmt beim Küsschen geben um null Uhr und zwei Minuten, müssen ein paar Singles als Begleitgrün das Pärchensträußchen schmücken. Seht den Doofen dort allein, der hat niemanden, der ihn in den Arm nimmt, wenn die Uhr hat zwölf geschlagen. Siehst du wohl, mein Schatz, so könnts auch dir ergehen, wenn du nicht brav bist im nächsten Jahr. Zu Hause aber hockt mutterseelenallein der Silvesterophobe, blickt um null Uhr zum Fenster hinaus und sieht, wie sich die Welt trunken in den Armen liegt. Da heißt es charakterstark bleiben.

Unschärferelation

„Die Schärfe der Frauen eines Landes verhält sich umgekehrt proportional zur Funktionssicherheit seiner Badezimmermerarmaturen", verriet mir jüngst ein Freund den Wortlaut der sogenannten Heisenbergschen Unschärferelation. Wer hätte dem alten Knochen so viel Sachverstand zugetraut!

Abschied von gestern

Deutsche Rituale

Bald schon in Vergessenheit geraten sind die alten Rituale, die jeder Deutsche einzuhalten verpflichtet war.

Und so beginnt sein Tag: Aufstehen, ins Bad schleichen und den braunen Schleim der Nacht lautstark ins Porzellan rotzen. Danach den Glibber mit dem Morgenurin aus dem Handwaschbecken spülen. Wem danach ist, der kann auch noch die ersten Worte des Tages anfügen: „Gib zu, du willst es doch auch, du kleines nuttiges Waschbecken." Den gelblichen Bademantel übergeworfen, die verhornten Mauken in die Adiletten gesteckt, so schleicht der Deutsche im Nieselregen zum Briefkasten. Dort erwartet ihn das Revolverblatt. Auf dem Rückweg ins Haus findet die erste Reval des Tages ihren Weg zwischen die schründigen Lippen. Vier Züge später befindet sich unser Held auf der Toilette, um während des Kackens den Sportteil aufzusaugen. Abgeprotzt, fertig geraucht, die Glut der Revalkippe erstickt im Morgenstuhl. Das Geräusch des Spülkastens vermählt sich mit dem der Kaffeemaschine und wird zur wohlvertrauten Symphonie des Morgens. Drei Tassen Krönung mit Konservenmilch. Der Deutsche ist bereit, seine Welt wieder mal zu erobern.

Und so endet seine Woche: Sonnabends holt Papa Brötchen vom Bäcker. Für die ganze Familie. Drei Mehrkorn, zwei Mohn, ein Joggerzipfel für Mama. Nach dem Frühstück fahren alle in den Gigant-Markt vor den Toren der Stadt. Dort werden die Chips- und Dosensuppenvorräte ergänzt, das Alkregal wieder aufmunitioniert. Und weil es so praktisch ist, wird der Mittagstisch gleich auf dem Parkplatz unter Feldbedingungen eingepfiffen, Haxe, Hähnchen, Gyros-Pita. Ab nach Hause kacken, denn das

Slobodan und Dragomir – das serbische Erfolgsduo mit ihrem Multikulti-Titel „Hiki hiki with willige women"

tut man nicht im Supermarkt. Danach trifft man sich in der Siedlung zum Autowaschen vor der Tür. Im Radio läuft Bundesliga, das Fensterleder wienert den neuen Opel blitzeblank. Unterdessen hat das brave Weib die Wohnung picobello reingewischt. Eine Stunde vor der Sportschau ist Badetag im deutschen Reihenhaus. Und weil man schon mal nackt ist und auch nicht so stinkt wie sonst, wird die Gelegenheit beim Schopf ergriffen und der wöchentliche Geschlechtsverkehr gleich mit erledigt. Dann kommt die Sportschau, und das erste Bier öffnet sich fast wie von selbst. Im weiteren Verlauf des Abends wird es noch so manche Schwester bekommen, denn um Punkt Viertel nach acht gucken alle Wetten, dass ...

Am Sonntag darf man in Deutschland länger schlafen, sagen wir mal bis halb neun. Dann gibts für jeden in der Familie ein gekochtes Ei, mittags Braten-vorher-Suppe-nachher-Pudding, spätestens um drei Tortenboden mit Sprühsahne. Rülpsen mindestens, wenn nicht furzen oder endlich mal in Ruhe kacken. Abends Tatort oder alle drei Wochen, denn die Frau will auch mal raus, mit Mama zum Griechen. Ouzoplatte, Bier und zwei aufs Haus. Du fährst. So geht es das ganze Jahr, Woche für Woche im gleichen Trott. Im Frühling mal zum Autohändler, im Sommer an die See, sonnabends Rasen mähen und am Sonntag in kurzer Hose grillen. Nackensteak. Im Herbst das Laubgebläse, im Winter die Lichterkette, und schon wieder ist ein Jahr verweht.

Als Kind war man frech und dreckig um den Mund, mit sechzehn aufsässig und trug das Haar recht lang und schmutzig obendrein. Alsbald wurde man vernünftig, heiratete irgendwas, baute irgendwo, verdiente halbwegs Geld. Kinder, Hütte, Sichtschutzelement, und der Leib ging aus dem Leim. Ehe man es sich versah, waren die Kinder groß, man selbst in Rente,

und jetzt sitzt man anderthalb Meter entfernt von einem ge-
schlechtslosen Wesen vorne im Wohnmobil. Hinten sintert die
Chemietoilette, vor uns liegen das Sauerland und der Tod.
So versendet sich das deutsche Leben in Ritualen, Gewohn-
heiten und träger Zufriedenheit. Doch warum auch nicht.

Wir Deutsche

Zuweilen hocke ich stundenlang auf einer öffentlichen Toilette und ersticke fast im beißenden Ammoniak-Gestank der ausgeschiedenen Exkremente. Wie dämlich kann man eigentlich sein, wird sich da so mancher fragen. Doch wir wissen: Deutsch sein heißt, eine Sache um ihrer selbst willen zu tun.

Wir wollen geliebt werden

Wir alle möchten von unseren Mitmenschen geliebt werden, ist es nicht so? Der Massenmörder genauso wie der barmherzige Samariter. Aber sollten wir beiden unsere Liebe in gleichem Maße schenken? Ist nicht der Massenmord – wenn mans recht bedenkt – ein ziemlicher Fauxpas im Miteinanderleben?

Zeit

„Die Zeit heilt alle Wunden", las ich neulich in einer Mitteilung der Krankenkasse für Unfallopfer. Stimmt das nicht auch? Muss es denn immer das teure Antibiotikum sein oder die aufwendige Operation, wenn man sich lediglich mit der Kettensäge das Bein abgetrennt hat?

Wischmeyer AUSWAHL

**DOPPEL-CD: Die bekloppte
Republik**
Live-Mitschnitt des
Tourneeprogrammes 2008

**DOPPEL-CD: Die Bekloppten
& Die Bescheuerten**
Live-Mitschnitt des
Tourneeprogrammes 2005

**DOPPEL-CD: Die Bekloppten
und Bescheuerten**
Live-Mitschnitt des
Tourneeprogrammes 2003

**DOPPEL-CD: Das Paradies
der Bekloppten und
Bescheuerten**
Live-Mitschnitt des
Tourneeprogrammes
2001/2002

auf Tonträger

Günther Willen

Niveau ist keine Hautcreme

Gepflegte Sprüche für alle Lebenslagen
Originalausgabe

ISBN 978-3-548-37226-6
www.ullstein-buchverlage.de

Gehts noch? Ein Strauß fröhlicher Wendungen und Redensarten aus dem gemeinen Wortschatz der Deutschen in einem Buch – übersichtlich gegliedert und säuberlich geordnet. Da beißt die Maus keinen Faden ab: Dieser moderne Sprach- und Sprücheführer ist ein unentbehrlicher Begleiter auf dem Trampelpfad durch die wunderbare Welt der Phrasen, Kalauer und Floskeln – von der Wiege bis zur Bahre. Aber hallo!

»Dereinst wirst du dich für jeden Kalauer, den du dir verkniffen hast, vor deinem Schöpfer verantworten müssen.« *Harry Rowohlt*

US308

Andreas Keßler

Fährt man rückwärts an den Baum, verkleinert sich der Kofferraum

Die besten Tipps vom Autopapst
Originalausgabe

ISBN 978-3-548-37233-4
www.ullstein-buchverlage.de

Das Auto – so vertraut und doch ein rätselhaftes Wesen. Immer wieder stellt es uns vor neue Fragen. Was kann ich tun, wenn die Bremsen quietschen? Warum verbraucht mein Wagen plötzlich so viel Sprit? Wie kann ich verhindern, dass meine Batterie den Geist aufgibt? Und was mache ich eigentlich, wenn der Motor qualmt? Egal, ob alt oder neu: Jedes Auto wartet früher oder später mit kleinen Pannen und Marotten auf. Aber keine Bange: Vieles kann man selber lösen – auch ohne teure Werkstattbesuche. Autopapst Andreas Keßler macht uns mit unserem fahrbaren Untersatz vertraut und beantwortet die am häufigsten gestellten Fragen rund ums Auto.

Dieses Buch gehört in jedes Handschuhfach!

ullstein

US320